JN108588

テニス上達のメカニズム

鍵となるのは
「体性感覚」

言語に頼りがちな指導から、「体性感覚」へ

数年前のある日、いっしょに働いていた井本善友コーチが私に、海外のテニス指導に関するセミナーに参加したときの内容を教えてくれました。その中では、視覚からのアドバイスが大切であるにも関わらず、意外と指導者たちは話すことが多く、レッスン生は聴くことが多くなっている、という発表があったと聞きました。また、レッスン生の上達に役立っているアドバイスは、刺激度の高いほうから、見る、触れる、聴く、読み書きの順に大切であるとのことで、まさしくこの本の主な内容となる「体性感覚」そのものが重要なテーマでした。

私たち指導者が頼りがちな言語によるアドバイス、いわゆる耳から入る情報を運動に転換することは、初心者や運動経験の浅い人には難しいはずですが、私たちはどうもそれに頼りがちだったようです。「体性感覚」

を理解することは、大人が使う言葉をまだ完全に理解できずにいる、低年齢の子供たちを指導する場合にとても有効で、有意義なことであることを、私はテニスマガジンで連載を続けながら今日まで学習してきました。

残念ながら書き物にした段階で、「体性感覚」での前述のような刺激の度合いは下がってしまいますが、しかし、編集部のスタッフがあの手この手でイラストや写真などを用意してくれ、私の文章の力が及ばない領域を助け、広げてくれました。そしてこのたび、約8年間、130回を超える連載の中から「体性感覚」の部分を抜き出し、わかりやすく再構成することで一冊の本ができました。これが日本のテニスプレーヤーや指導者のみなさんの上達に役立てば、本当にうれしいです。

いま、この文章を読んでいるあなたも、テニスの上達を強く望んでいるに違いありません。では、レッスンを始めましょう。

竹内映二

目次

Chapter 1

上達のメカニズムと体性感覚

Section 1

上達のカギ

五感が引き起こす〝やっかいごと〟がある

「よくわかるし、面白いんだけど、実際にやるとなると難しい」

私のテニスの記事や本を読んだ方から、こんな感想をお聞きします。確かにその通りだと思います。そこで、「やるとなると難しい」と感じる原因のひとつを掘り下げていくことにします。

テニスに限らず、私たちが物事を学習する上で「五感」と呼ばれる感覚機能を利用していることはご存じでしょう。五感とは「視覚」「聴覚」「触覚」「味覚」「嗅覚」です。この感覚がみなさんの素晴らしい上達を促すのですが、その反面、五感は少々やっかいなことも引き起こします。場合によっては五つの感覚が混在し、干渉し合い、感覚の〝混線〟を引き起こすのです。

五感のうち嗅覚や味覚は、例えば料理を味見したり、料理の腕を上げるために必要な感覚です。プロの料理人に限らず、もちろん私たちも料理を味わうときには味覚を使いますが、その際、同時に嗅覚や視覚も利用します。ここに実は落とし穴があります。いつもと同じ味のカレーライスなのに、全然違った色をしていれば——つまりそれが青色のカレーライスなら、私たちはそれをすぐに食べようとは思いません。

また、食事のときに鼻が詰まっていると味覚も影響を受け、味がわからなくなってしまいます。味覚が鋭いと思っていても、また、しっかり味わっているつもりでも、一般人の味覚は意外に単体として他の感覚器官をリードするだけの力はないようです。一流の料理人が時に目をつぶって味見をしたり、視線をあらぬ方向へもっていって味見をしているのは、そうすることで味覚だけに焦点を当てているのでしょう。

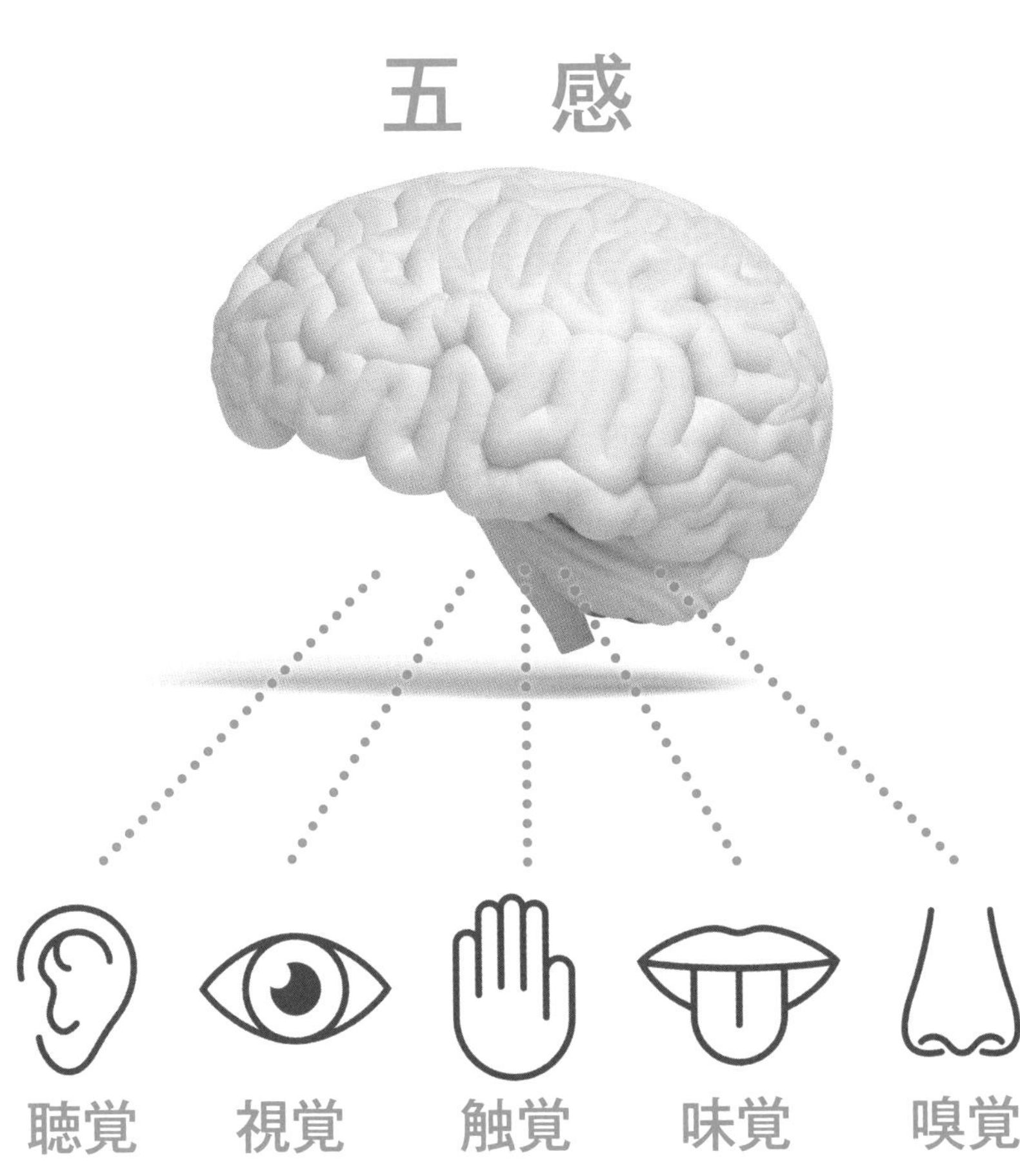

指導と学習は、視覚に頼るところが大きい

味覚はテニスの上達には必要のない感覚ですので、テニスに話を戻しましょう。テニスにおいては、視覚、触覚、聴覚を利用して上達しますが、もっとも利用されているのが、視覚でしょう。

技術練習はコーチや友人、先輩の素晴らしいフォームや、トッププロのフォームを真似てみたくなるところから始まります。多くのコーチは自らデモンストレーションを行い、「こんなふうに打ってください」とお手本を示します。あるいはテニス専門誌では、「こんなふうに打たないでください」と×印をつけて、わざわざ悪いフォームまで見せています。いかに私たちが視覚に頼って指導し、また学習しているかがわかります。

しかし最初の問題は、学習しようとしている人、お手本を観察している人に何が見えているかです。これは、伝える側には「?」マークでしかありません。ある人は、ラケットの動きを見ているかもしれませんし、ある人はカラダの使い方を見ているかもしれません。

お手本を観察している人には何が見えているか。その見たものを自分の動きに転化しなくてはならない

それに加えて、観察している人は、見たものを自分の動きに転化しなくてはなりません。転化できるかどうかは、その人が三人称として見たものを一人称に、つまり自分に置き換えることができるかどうかです。このうまい下手が学習するスピードに関わってきます。

自分に置き換えられたとしても、そのイメージ通りにカラダをコントロールできなくてはなりません。人はなかなか思い通りにカラダをコントロールできるものではないのです。

カラダのコントロールは、五感に当てはめれば触覚に属する部分です。しかし、この感覚には実は大きな個人差があり、私たちはこれだけではうまくカラダをコントロールできません。例えば、両腕を肩の高さに上げるという単純な動作も、目をつぶって行うと、案外簡単ではありません。実際は肩の高さに上がっていなかったり、肩より高く上げすぎていたり、ということが起こります。目を開けてみたらびっくり、ということになりかねません。このことから、実はあなたは触覚だけに頼らず、視覚からの情報をもとに腕を上げていたことがわかるでしょう。

ただ、何度かこの動作を練習すると、あなたは肩の感覚からフィードバック（得られた結果から原因を探り調整する）を受けて、腕をうまくコントロールできるようになります。

目をつぶって、両腕を肩の高さに上げてみよう

この写真は左腕だけ肩より高く上がっている。本人は指摘するまで気づいていなかった

テニスに「体性感覚」は欠かせない

前置きが長くなりましたが、いよいよ本題に入ります。

五感という言葉を使いましたが、実は人間の感覚はもっと細かく区分できて、20以上に分類できるとする研究者もいます。先程、カラダのコントロールは触覚の働きによると書きましたが、これは生理学的には「体性感覚」に相当すると言われています。

テニスに使われる「体性感覚」とは、触覚などカラダの表面で生じる皮膚感覚と、外からは見ることのできないカラダの中で起こっている感覚、すなわち筋肉や腱、関節が受ける感覚が複合したものと考えられます。

テニスにおいては、重いラケットを振り回すときに生じる遠心力などから筋肉が受け取る〝引き伸ばされる〟感覚や、インパクトでボールから伝わる〝筋肉を押すような圧迫圧〟の感覚などが、自分自身でも認知しやすい「体性感覚」の一種であると考えられます。こうした感覚のフィードバックによって動作が上達していきます。

私たちは普段、料理を食べるとき、味覚だけではなく嗅覚や視覚を導入し、そこで得られるありったけの情報を〝混在〟させて、あるいは〝混線〟させて味わっているのであって、味覚単体の鋭さを十分には使い切れていないようです。

また、私たちが毎回異なる状況判断が必要とされるテニスのようなスポーツをする場合、視覚や聴覚からの情報をもとに、「トライ&エラー」と「フィードバック」を繰り返すことは必然です。そして、トライ&エラーとフィードバックを行う上で欠かせないのが「体性感覚」です。

「体性感覚」は、ある意味では複雑に混在し、混線した状況でなければ上達に結びつかず、また、ある意味では料理人の味覚のように単体で研ぎ澄まされた感覚でなくてはなりません。それらが混ざり合って機能するため、「体性感覚」単体では評価しにくい側面もあります。

神経回路のフィードバック・イメージ

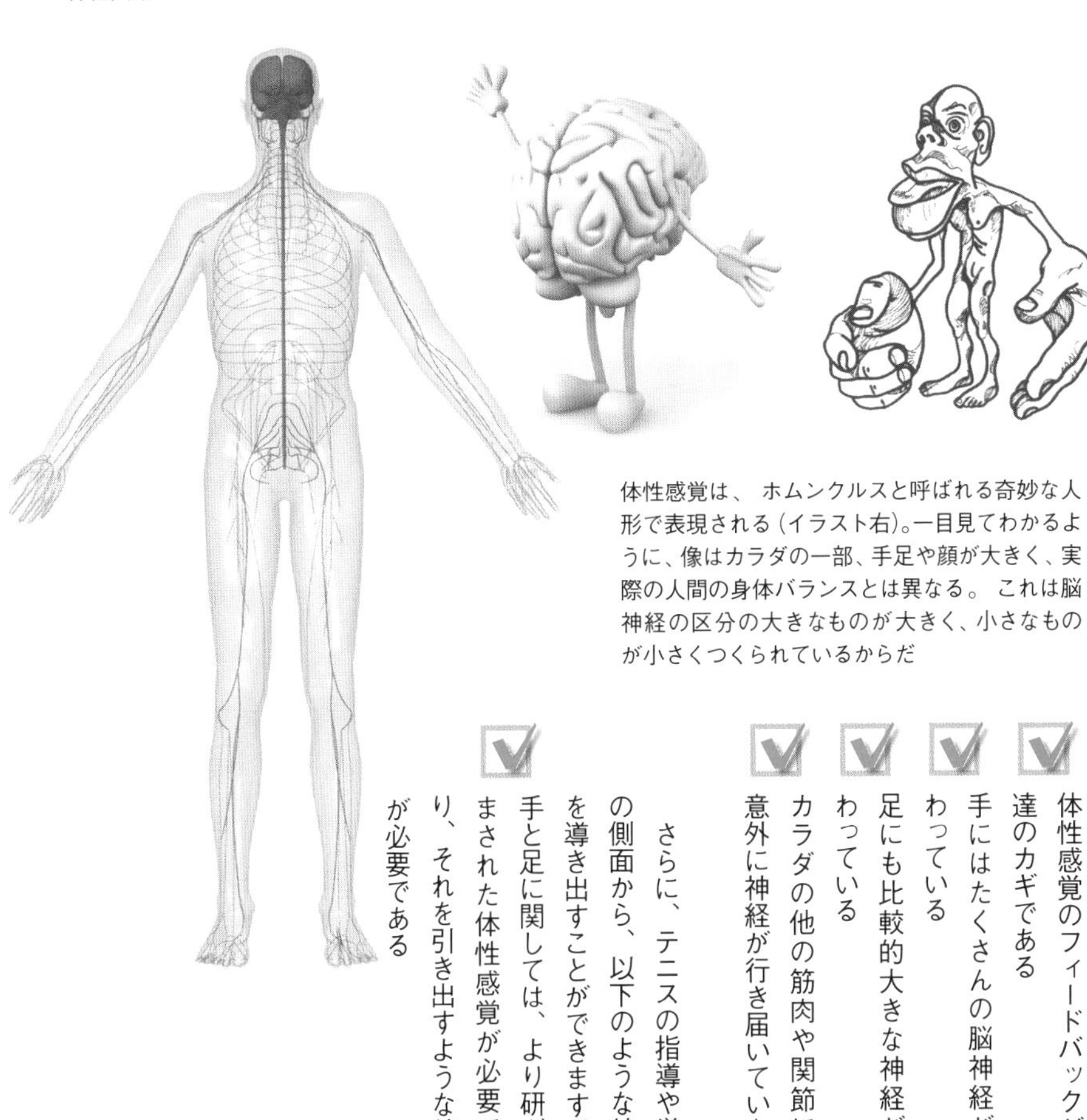

体性感覚は、ホムンクルスと呼ばれる奇妙な人形で表現される（イラスト右）。一目見てわかるように、像はカラダの一部、手足や顔が大きく、実際の人間の身体バランスとは異なる。これは脳神経の区分の大きなものが大きく、小さなものが小さくつくられているからだ

- 体性感覚のフィードバックが上達のカギである
- 手にはたくさんの脳神経が関わっている
- 足にも比較的大きな神経が関わっている
- カラダの他の筋肉や関節には、意外に神経が行き届いていない

さらに、テニスの指導や学習の側面から、以下のような結論を導き出すことができます。

- 手と足に関しては、より研ぎ澄まされた体性感覚が必要であり、それを引き出すような練習が必要である
- カラダのほかの筋肉や関節は、運動連鎖（ショットに必要な筋肉の連動）に欠かせないパートであるにもかかわらず、意識をもっていくのが難しく、したがって感覚が研ぎ澄まされていない
- 手と足には神経回路が豊富で、そのほかの部分の神経回路が希薄であることから、多くのフィードバックは手と足からしか返ってこない
- フィードバックが重要であるからこそ、クリアなイメージ想起が練習をよりよいものにする
- 上達にはフィードバックが必要で、フィードバックの鍵は「体性感覚」が握っている。にもかかわらず、指導の現場やこの記事などの情報は耳や目から入ることが多く、運動と即座に結びつかないことが弱点である

Section 2

体性感覚を使って学習する

神経が脳に情報を伝えるのにかかる時間は、ボールの接触時間より長い

まず数字を使って、科学的に「体性感覚」を紐解いていきましょう。インパクトでボールとラケットが接触している時間は、およそ0・003秒、わずか1000分の3秒です。一方、私たちのカラダに張り巡らされている神経線維、特に手の神経線維がボールとラケットの接触を脳に伝え、脳が例えば「感触が良かった」「悪かった」と感じるために要する時間は、0・005秒、1000分の5秒です。つまり、ボールがラケットに当たって離れるまでの時間より、神経が脳に情報を伝達する時間のほうが長くかかります。すなわち、私たちがボールを打って「感触が良かった」と感じたときには、ボールはすでにラケットから90㎝以上離れた場所に弾き飛ばされているのです。このことは何を意味しているでしょうか。ポイントは3つあります。

■ボールとラケットの接触時間
0.003秒
■神経が脳に情報を伝える時間
0.005秒

POINT 1

ボールが接触した瞬間にラケット操作を行うのは不可能である

神経が脳に情報を伝達する時間よりボールが接触している時間のほうが短いということから考えれば、ボールが接触した瞬間に、例えば「ラケットにボールを乗せる」、あるいは「ラケットでボールを運ぶ」という操作は不可能であることがわかります。

ボールにラケットが触った角度に従って、物理的な法則によりボールは飛んでいきます。ですから、ラケットをボールの下に滑り込ませたり、あるいはボールにまとわりつくように面を操作して回転をかける、という動作は不可能です。それくらい、あっという間にボールはラケットを離れてしまいます。これが、まずひとつ目のポイントです。

私たちがボールを打って「感触が良かった」と感じたときには、ボールはすでにラケットから90㎝以上離れた場所に飛んでいる

ボールとラケットの接触時間は0.003秒。その瞬間に動作を加えることは不可能である

POINT 2

私たちはボールとラケットが接触する瞬間を見ていない

ふたつ目のポイントは、私たちは実際にボールが当たるところを見ることはできないという事実です。

フィルム映画のコマ数はだいたいが1秒間24コマです。それ以上多くのコマは人間にはほとんど見ることができず、必要ないからでしょう。一方、昔のフィルム、例えばチャールズ・チャップリンのサイレント映画などは、コマ数が16コマしかなかったため、人間の動きはロボットのようにコミカルで

かつてのサイレント映画の時代は1秒間に最大16コマという速度で、動きはギクシャクして見えた。それが現代では1秒間に24コマとなり、私たちの目には自然な動きに見える

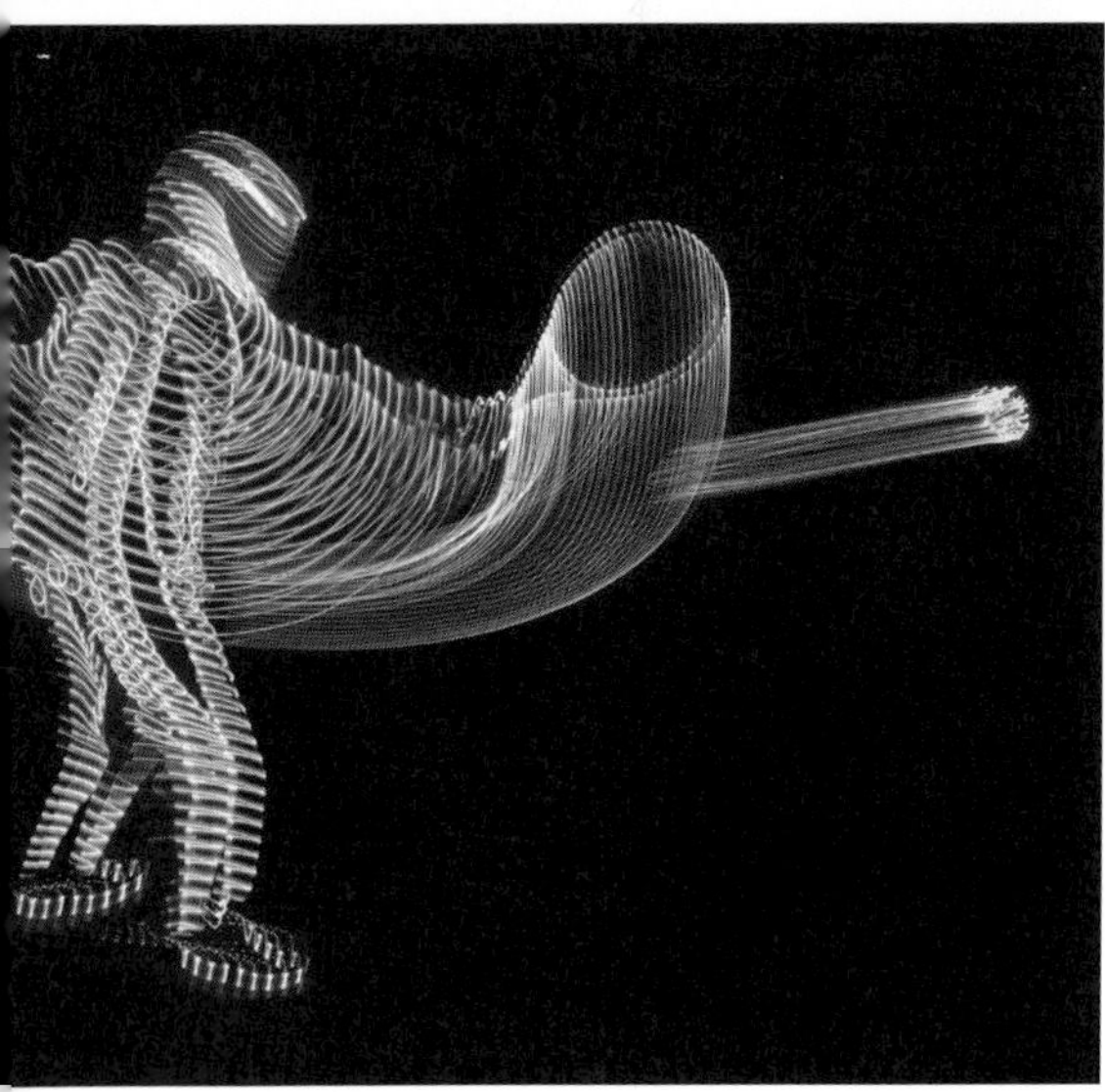

スーパースロー映像やモーションキャプチャーなどによる映像で、見えなかったものが見えるようになった

ギクシャクしていて、実際の動きにはほど遠いものです。しかし、私たちは1秒間に24コマを超える画像を読み取る能力をもっていないため、秒24コマであれば、そこに映る人の動きは実際に目にする動きと変わらないように見えるのです。

1秒間に24コマですから、単純計算で1コマを読み取るのにかかる時間は0・041秒で、ボールがラケットと接している時間（0・003秒）よりもずいぶん長いことがわかります。このことから、私たちは実際にはボールとラケットが接触する瞬間を見ていないことがわかります。

余談ですが、いわゆるスーパースロー映像は私たちに特別な技術を教えてくれます。誰にも見えていなかったものが、映像ではクリアに、しかもゆっくりと再生されるからです。

POINT 3 打球時の「体性感覚」がカラダに残り、次回その感覚が呼び起こされる

さて、3つ目のポイントがようやく「体性感覚」に関連する出来事です。

もう、おわかりの方もいるでしょう。ボールがラケットに接触しているまさにそのときに、「体性感覚」を生かしてボールを打ち出すことはできません。脳が受け取った感覚をもとに何らかの意図をボールに伝えようとしても、ボールはすでにラケットから離れてしまっているからです。では、ボールを打った感覚、感触を感じ取る「体性感覚」はどうして大切なのでしょうか。

それは、良いか悪いかを判断するために必要な感覚、もっとも信用できる感覚が、打ったあとにカラダに残るからです。すると、次にボールを打つ際に感覚が呼び起こされ、良い感覚を再現しようとします。これが、いわゆるフィードバックです。

「体性感覚」を感じながらボールをとらえるのは不可能でも、トライ&エラーで学習していく上で、「体性感覚」はもっとも大切なツールと言えます。

カラダに残る感覚を、次に生かしながら（フィードバックしながら）プレーしていく

Section 3

体性感覚の磨き方

まず、自分の動きやショットが引き起こした結果を知る

高い学習効果に結びつく、大切な「体性感覚」ですが、みなさんは実際、どのようにこれを習得しているのでしょうか。「体性感覚」の磨き方を、一般的な学習と上達のステップに沿って見ていきましょう。

あなたがテニス初心者であるならば、まず目でボールを追いかけます。そしてだんだんと多くの情報、例えばボールが飛んでくるコース（まず左右、次に前後）を認識できるようになり、ボールがどんなスピードでくるのか、どんな回転で飛んでくるのかなどを学習していきます。この時点では、打ち方そのものがわからないので、コーチや周りの人が打っているのを参考にして、カラダやラケットを同じように動かそうとするでしょう。

ここで参考にしてほしいのは、情報の

例えばショットが右にそれたときに、視覚情報「右にそれた」という結果だけにとらわれず、感覚情報を意識する

視覚情報だけにとらわれず、もっと感覚情報を大切にすることが上達につながる

多くは目から入る視覚情報であるということです。あなたはあらゆる視覚情報を駆使し、これまでの運動経験などと照らし合わせて似たものをセレクトし、テニスの動きをマスターしていきます（例えば、卓球やバレーボールなどの経験からボールを打つ動作や走る動作を思い出し、テニスの動きに生かすでしょう）。

このとき、「今のはいいですよ」「うまく打ててますよ、続けましょう」などといったコーチの前向きなアドバイスがあれば、学習スピードが向上します。それと同時に、あなたは起きた結果を自分で見ているはずです。このことが上達のプロセスでは非常に重要になります。

「どうなったから、こうなった」という流れを感覚として理解する

例えば、あなたのショットが右に大きくそれたとします。単純な原因はラケット面が右を向いた状態でインパクトしたからですが、ラケットが右を向くのはさまざまな理由によるため、初心者の頃はそれを断定できません。このとき、コーチの言葉や自分の感覚情報を参考に、「どうなったから、こうなった」、つまり「行為」「結果」の流れを理解していくことが大切です。

ここで起こりがちな失敗は、視覚情報、「右に大きくそれた」という結果だけに囚われてしまうことでしょう。ミスしたという結果に焦点が合わせられ、実際の感覚情報に意識が及ばないことです。そうして悪いサイクルを繰り返すと、感覚は磨かれていきません。

そこで、コーチの客観的なアドバイスも利用しつつ、感覚情報を大切にすることです。そうしてうまくフィードバックを行うことができれば、ボールをとらえるタイミングを神経的に学習、把握できるようになり、次のショットをよりよい成功へと導くでしょう。

なお、テニスが難しいのは「行為」「結果」という単純で目に見える流れの中に、正しい判断（ボールの判断）を下したのか、正しい決断（ショットの選択）を下したのか、さらには集中力や弱気の対処、ビビりなどはどうだったのかなど複数の要因が含まれるからです。ただ、ここでは、複雑すぎる要因を無視し、あくまで「体性感覚」を磨くという目的に向けて話を進めます。「体性感覚」に目が向くことで、雑念に意識が囚われず、集中力が高まることもありえます。

「体性感覚」と周囲からの客観的な情報によって修正を図る

次の学習ステップでは、あなたは「打点が遅れる」「打点が遠い」などのテニス独特の表現を理解し始め、コーチの言うことを理解してコミュニケーションがとれるようになります。これら耳から入る聴覚情報、また、コーチからの客観的な情報をもとに、頭で理解し、咀嚼していく能力が開発されていきます。


「こんなふうになっていますよ」

「でも、私はこう感じています」

「では、こうやってみてください」

「はい、やってみます」

という具合に、あなた自身がテニスへの理解を深め、あなたとコーチが互いに理解し合うことで、あなたはより深い部分へ入り込めます。


ここまでの学習ステップにおいて、あなたは〈コーチなどのお手本を参考にイメージを描く。そのイメージを実際の運動に移す〉、さらに〈自分の視覚と触覚の両面とコーチから

「体性感覚」を利用した上達のプロセス

ショットの実行
▼
ショットの結果
▼
「体性感覚（主に触覚）」の良し悪し
▼
次回への改良

の客観情報、聴覚などを利用し、うまくいかなかったことを修正する〉というプロセスを踏んで上達していくというわけです。
「体性感覚」を利用した上達のプロセスを右ページの図に示します。

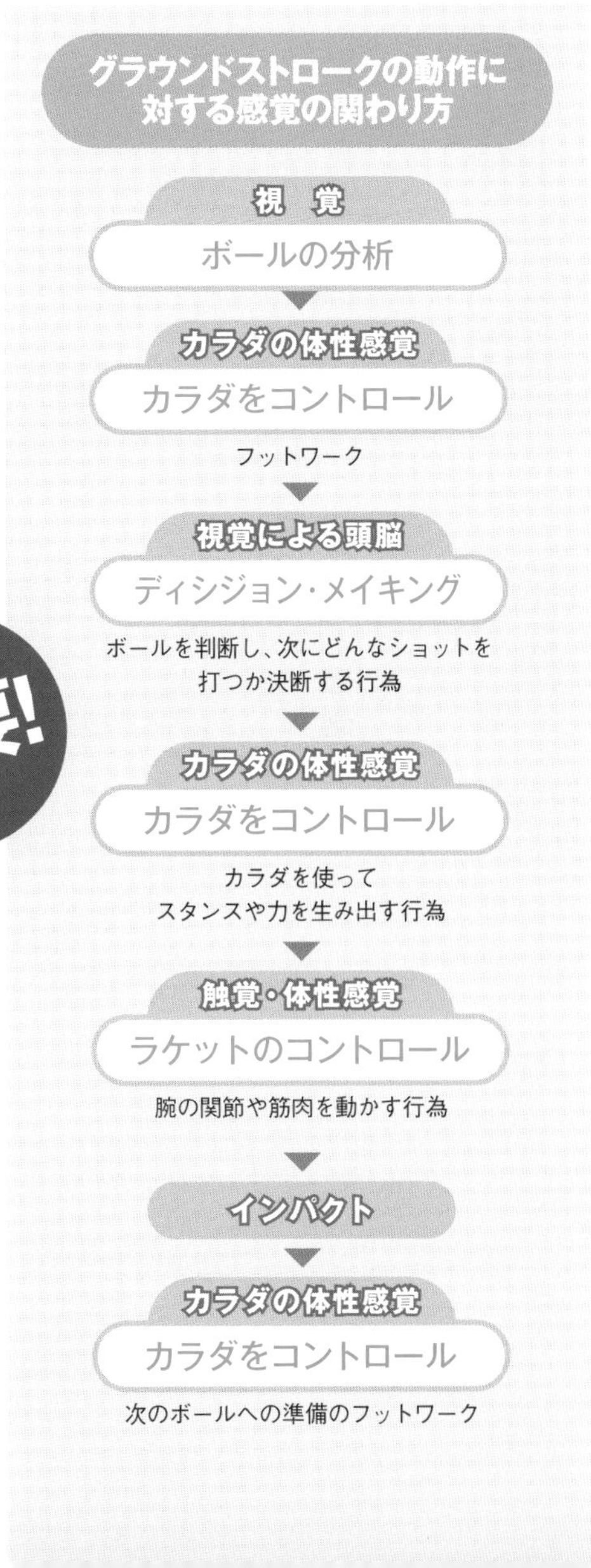

グラウンドストロークの動作に対する感覚の関わり方

視覚
ボールの分析

カラダの体性感覚
カラダをコントロール
フットワーク

視覚による頭脳
ディシジョン・メイキング
ボールを判断し、次にどんなショットを打つか決断する行為

カラダの体性感覚
カラダをコントロール
カラダを使ってスタンスや力を生み出す行為

触覚・体性感覚
ラケットのコントロール
腕の関節や筋肉を動かす行為

インパクト

カラダの体性感覚
カラダをコントロール
次のボールへの準備のフットワーク

重要!

視覚や「体性感覚」とショットにおける動作とのかかわり

グラウンドストロークの動作に感覚がどう関わっているかも図（重要！）に示します。

その中で、ボールに近づいた状態では腕や手の感覚がもっとも大切であり、この感覚はもっともっと鋭くするべきですが、実は手に集約される「悪い感覚」は、多分にほかの感覚が悪かったため、判断、決断、動作がうまく連動しなかったためであるとも考えられます。

ショットに関わる感覚野は多く、「ホムンクルスの人体像」（13ページ）のところでも説明したように、手や足以外の筋肉や関節は、運動連鎖（ショットに必要な筋肉の連動）に欠かせないパートであるにもかかわらず、意識をもっていくのが難しいです。したがって感覚を研ぎ澄ませるのは困難なのです。

Section 4

ショットの修正

正しいことなのに、いざ実行するとなるとパニックに陥るのはなぜか？

練習をしているときにコーチから一度に多くのアドバイスをもらい、パニックになっている選手をよく見かけます。

私は指導者セミナーなどの機会に、「コーチから選手へのアドバイスは、一度に多くて3つまで」と伝えています。あまりに多くの情報を与えすぎると、選手が混乱してパニックを起こしてしまうからです。選手によっては、たったひとつのアドバイスでもうまくいかないケースもあります。これは読者のみなさんにも起きていることだと思います。

上達に必要なアドバイスを多く聞き、それが正しいと理解しているにもかかわらず、いざ実行しようとすると、うまくいかないどころか、パニックを起こしてしまうのはどうしてなのでしょうか。考えてみましょう。

私（竹内）は選手へのアドバイスは、一度に多くて3つまでと考えている。トップ選手のコーチたちも、それは熟知している

自動化された運動がアドバイスによって混乱してしまう

こうした現象は「運動の自動化」と関係があると言われています。同じ運動を何度も繰り返すと、脳がその運動のパターンを覚え込むことで、私たちがいちいち筋肉に命令を下さなくても自動的にできるようになります。

例えば、自転車に初めて乗ったときのことを思い出してください。あなたは、最初はあんなにふらついたのに、何度か挑戦していくうちにうまく乗りこなせるようになります。そして、何日か、あるいは何ヵ月か練習を重ねると、最初のふらつきなどまったくなくなり、自転車の操作に意識をもっていかなくても自由に操作できるようになります。そして、数年経って久しぶりに自転車に乗っても、何の不都合もなく乗りこなせるはずです。

あなたの脳の中には、練習の繰り返しでできあがった神経パターンが記録されていて、何度でも再現することが可能になっているのです。これを運動の自動化と呼びます。

もちろん、テニスの技術でも練習で運動が自動化されます。ところが、運動の自動化が妨げられるケースがあります。例えばグラウンドストロークの動作は細かいプロセス（21ページ参照）で成り立っていますが、その中の特定の箇所に着目した技術的なアドバイスによって、神経パターンが混乱してしまうのです。

自転車の乗り方は一度覚えたら忘れない。運動が自動化されているからだ

プロセスの一部をつくり変えるには長い時間がかかる

テニスが特別上手でなくても、訓練を繰り返すと（20、21ページのような）プロセスを何も考えずに実行できるようになります。ところが、ある日、コーチからプロセスの一部について、例えば「あなたの肘はこうなっていますよ」などとアドバイスを受けたとします。あなたは、今まで自動的にできていたショットについて考えるようになり、アドバイス通りに直そうとするでしょう。ところがこれは、トランプでつくったピラミッドの一部を途中で組み立て直すような作業です。これが容易に完成しないのは理解していただけると思います。

プロセスの一部を以前と違う形につくり変えるのは、それくらい難しいものです。今までにかけてきた以上の時間を要することさえあるのに、たった一瞬で解決できると考えてしまうことに、そもそも無理があります。

テクニックの修正、変更は極めて慎重に行うべきである

ですから、私は選手のテクニックを触るときは（直したり、変えさせるという意味です）、タイミングを見計らいます。当然、試合直前には大きなテクニックの変更はご法度で、オフシーズンにやるのが適切でしょう。

直すための優先順位を決め、じっくり時間をかけて直すように心がけています。そして、伝えたいことをできるだけシンプルな言葉に換えて、同じフレーズを繰り返し伝えます。選手の混乱を避け、今、何を、どうして直そうとしているのか、そして、これにどのくらい時間がかかるのか、ていねいに伝えるようにしています。

また、その選手がテクニックそのものに囚われやすいタイプなら、戦術の話をしたり、フットワークに意識を移行させたりして、ショットの実行という一点に極端に意識が集中してしまうことをできるだけ避けます。

狭い意味での「ショットの実行」に意識が集中しすぎるのがよくないのは、20、21ページのプロセスが示す通りで、それは一瞬で起きることであり、あくまでも動作の一部分でしかないからです。

例えば「ショットのフィーリングが悪い」ということについて、あなたは「体性感覚」を理解し始めたのではありませんか？　フィーリングは、もっとも多くのセンサーが集まる手に集約され、ミスショットを打ってしまったあなたは、たちまち悪い感覚に襲われます。そして、その悪い感覚とは、ほんの一瞬にもたらされるものであり、簡単に修正できることではありません。あっという間に起きてしまい、あなたがどうこうできる代物ではないのです。

では、あなたは、ショットのプロセスの中で、どの部分ならコントロールできるでしょうか。

グラウンドストロークのプロセスを考えよう

余計なことを先に済ませておき、ショットに集中するための時間をつくる

もう一度、21ページのグラウンドストロークのプロセスの図を見てください。要約すると、

◀◀◀ ボールの分析

◀◀◀ ボールのコントロール

◀◀◀ ディシジョン・メーキング
（意思決定）

とあります。実際にカラダを使ってボールに向かって行く前に、あなたはどんなボールがくるか予測し、その上でフットワークを使ってボールにカラダを近づけます。そして、どんなショットを返球するか決めるのです。

これを素早く実行できるようになれば、次の行為を行う時間の余裕が生まれます。つまり、スタンスを決め、スイングしていくなど、実際にカラダを使うプロセス（つまり狭い意味でのショットの実行）のための時間ができるのです。ボールに向かってスイングしていく前に〝余計なこと〟を済ませておけば、あとはスイングに集中するだけ。あなたはかなりシンプルな状況でボールを打つことができるでしょう。

例えばボールに近づくのが遅い人、テークバックもギリギリの人がいます。実際に打つ寸前までボールに近づくことに懸命で、ラケットをギリギリで引き、どんなショットを打つかもギリギリで決めるような状況に自分を追い込んでしまったら、ラケットを持った腕をどうコントロールするか、どころではないはずです。

複数の作業を同時にやることはできるだけ避けましょう。そうです。準備がすべてです。準備が素早くできるようになれば、あなたには時間ができるのです。

もし、あなたがショットを直そうと考えているなら、なおさら、ほかのことを先に済ませ、ショットだけに集中できる時間をつくるべきです。うまくその時間がつくれない、もっとショットだけに集中したいという場合は、次のように練習を簡単につくり変えましょう。

❶止まって打てる所にボールを出してもらう

❷ボールが飛んでくるストレスを減らすため、近くから手で出してもらう

❸同じテンポ、同じ軌道でボールを出してもらう

ただし、これらの練習を何週間も続けるのではなく、すぐに通常の練習でトライすることが大切です。

プロセスの最後の部分は次のプロセスの最初の部分に重なる

ショット実行のプロセス（21ページ参照）では、特に次の部分に注目してください。

カラダをコントロールする

（次のボールへの準備のフットワーク）

インパクトしたあと、つまりショットを実行するプロセスの最後の部分です。これは結果的に、次のショットを実行する上での大切なプロセスになります。自分のボールの威力やコース、相手のバランスを見て、次の正しいポジションにできるだけ素早く移動し、次に相手が打ってくるボールに備えます。すなわち、あなたはショットを実行する最初のプロセスに戻るのです。

もし、この過程が遅ければ遅いほど、次のショットを実行するプロセスの最初の部分が欠落し、あなたの準備は行き届かないものになります。ですから、ただちに正しい位置に戻り、相手を見る余裕をつくり、安心していつも同じタイミングでスプリットステップができる状態にもっていきましょう。やはり、準備がすべてなのです。

ボールを打ったあとは、すぐに次のボールに備える（次のプロセスの最初に戻る）

Chapter 2

先どり感覚

ショット実行のプロセス、スタート

ボールの予測の前段階「予想」

ショット実行のプロセス（21ページ参照）を順番に見ていきましょう。

ショットを実行する際には、〝さまざまな感覚〟を次々と連続して活用します。まずは、プロセスの最初の部分である「視覚」「ボールの分析」についてです。一部、「体性感覚」から離れた話になりますが、重要な部分ですので説明しておきます。

相手がショットを打った直後に、それがどんなボールか予測することが大切です。カラダのコントロールの前に、まずはボールを予測して、その上でフットワークを使ってボールに近づきます。その予測が早ければ早いほど、あなたは相手から放たれたボールを早く追うことができます。

ただし、素早く行動を起こすためには、予測を行う前の段階にも注目すべきです。事前に「相手はこうなるであろう」「相手をこうさせたい」という「予想」です。この「予想するチカラ」が大切なのです。

相手がショットを打った直後に、それがどんなボールか予測することが大切。その予測の前段階、予想にも注目してほしい

相手に「こうなってほしい」というイメージをもってプランを立て、実行する

予想を成功させるには、「こうなってほしいこと」を自分から起こす態度、つまりゲームメーカー的なマインドでコートに立つ必要があります。相手のミスを待つ、「希望」とか「期待」の気持ちではなく、プランを立てて、それを実行することを自分に約束する強い意志が必要です。そして、それがうまくいく場合とうまくいかない場合とを想定して、次の行動を1パターンではなく数パターン、想像しておくのです。

次に、「手応え」によって行動を起こす

「こうなってほしい」ことを、できれば3つくらい計画してみましょう。例えば、相手のバックハンド側にサービスを打ち、相手に腕を目一杯、伸ばした状態でボールを打たせたいという狙いがあったとします。すると、こういうことが起こることが予想できます。

❶対戦相手のラケットの先にボールが当たり、浅いボールがくるかもしれない
❷振り遅れて自分のフォアハンド側に飛んでくるかもしれない
❸十分なスピードがなく、フワフワ浮いてくるかもしれない

こうした具体的なプランを立てたら、それをイメージし、「ビジュアライズ」します（心の中で描いてみます）。これは鮮明であるほど効果的です。

次に、自分が打った「手応え」によって行動を起こします。手応えが良いケースと、手応えが悪いケース、両方が想定できます。ここまでが予想の領域です。整理しましょう。

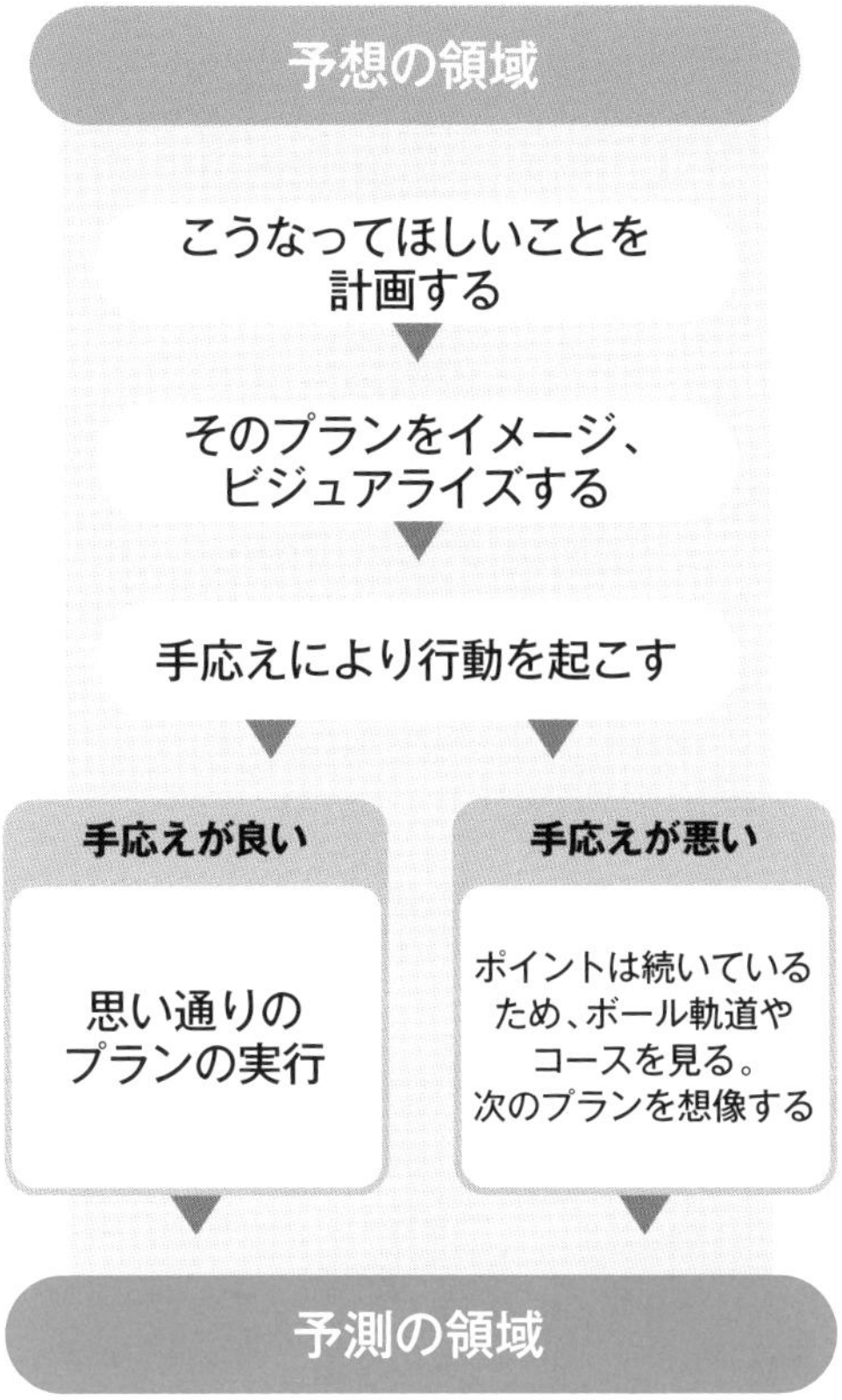

予想の領域

こうなってほしいことを計画する
▼
そのプランをイメージ、ビジュアライズする
▼
手応えにより行動を起こす
▼　▼

手応えが良い	手応えが悪い
思い通りのプランの実行	ポイントは続いているため、ボール軌道やコースを見る。次のプランを想像する

▼　▼

予測の領域

“予想する力”を駆使して予測する

次は予測の領域です。つまり、プランを立て、それを実行し、すなわち「予想するチカラ」を駆使した上で、以下に示したような要素を観察し、予測を行います。

- 相手の行動。上や下を向いているか、横を向いているか
- 相手のテークバック時のカラダのひねり具合
- 相手のボディランゲージ（勝ちたいと、はやる気持ちか、消極的な気持ちかなどを相手のカラダから読みとる）
- 相手のバランスやヒッティングポイント
- 相手の打点時のラケット面の方向

このように事前の予想から生まれる「先どり感覚」が、まずもってとても大切です。その次に、相手が打ち出したボールをいち早く読み、予測すること（＝実際に先どりすること）が大切になります。そこで、「手応え」を頼りに、まずは打ったあとすぐに行動を起こせるようにしましょう。

ただし、どんなに綿密に予想を立

てようと、必ずしも思い通りのボールが相手から返球されるわけではありません。

自分の思ったとおりのコースに飛んできても、若干の深さの差異やスピード、回転の差異など、返球されるボールが微妙に異なるのは当然です。また、相手が意図的に予想を裏切る返球をしてくる場合もあれば、相手がまぐれ当たりのような返球をしてくることもあります。相手がストリングスのどの場所でとらえたかによって、ショットが予想外に良かったり、鋭いコースに返球されることもありえます。

あなたは、そのすべてに備えることはできません。ただ、相手から飛んでくるボールには、そのスピードに差はあっても、常におよそ1秒前後であなたのところに届きます。あなたは、そのボールから真っ先にとれる情報を見逃さず、これに素早く反応するべきです。

ここまでで、予想と予測についての考え方をまとめます。

予想と予測 思考と実行を結びつける

予想
sending/feeling/confidence

- 実行する前にプランを立てる、予想を立てる
- プランをイメージする
- ショットの手応えで次に起こることを予想する
- ボール軌道とバウンド、相手のバランスを見る

予測
receiving/reacting

- ショットの手応えが悪い場合
- 思ったより相手のバランスや構えがいい
- 相手のラケットなどを即座に観察して次に備える

ドリル 打った手応えと結果を見比べる

最初の感覚、体性感覚は「打った手応え」です。その打った手応えと実際の結果を見比べてみましょう。あなたの手に感じた「手応え」はどんな感じでしたか？ その手応えがあったのち、ボールはどんな勢いで飛んだでしょうか？ また、狙った場所に行ったでしょうか？

手応えと結果を参考に、ベストなショットを打ったときに起きる「手の中の感覚」「手応え」を確かなものにしていきます。手応えが確かなものになってきたら、次のプロセスに進み、手応えをどのように戦術に使っていくべきか、理解を深めていきます。

カラダをコントロールする前に、まず予測
「予想」の領域から「予測」の領域へ

素早く行動を起こすには、まず「相手をこうさせたい」というプランを立てます。そして、プランがうまくいく場合とうまくいかない場合とに分けて、次の行動をイメージします。ここで必要になる体性感覚は「打った手応え」、つまりショットを打ったときに起きた手の中の感覚です。ここまでが「予想」の領域です。

そして、ここから先は「予測」の領域です。予測こそが素早い反応を導きます。あなたは、相手のカラダから発せられる情報や相手が打ち出したボールをいち早く読み解き、予測することが大切です。カラダをコントロールする前に、まずは予測し、その上でフットワークを使ってボールに近づきます。

相手が打ったボール（コーチが投げたボール）に対し、瞬時にフォアハンド、あるいはバックハンドで打つかを判断してカラダを傾ける

まずは、ボールの左右を判断し、走る方向にカラダを向ける

相手が打ち出したボールから得られる最初の情報は「左右」です。自分のカラダの右か左か、どちらにくるか素早く判断、フォアハンドでとるかバックハンドでとるかを決め、その方向、すなわち走る方向にカラダを向けます。

なるべく相手のボールがネットを通過して自分サイドに入ってくる前にこの動作が完了し、動き出しているのがいいでしょう。相手のボールが放物線を描いて落下し始める前に、カラダの向きを決めて走り出せていれば最高です。ボールが軌道の一番高いところを過ぎてから動き出すのでは遅すぎます。

なお、テニスで陥りやすいのは、緩いボールや軌道の高いボールだと、それにつられて足（フットワーク）が遅くなってしまうことです。すると、ぴったりの時間（言い換えればギリギリの時間）でヒッティングポイント（打球地点）に移動することになります。これがボールの速度につられるという現象です。ボールの速度に合わせるのではなく、できるだけボールより先に打球ポイントに動くよう心がけましょう。

ドリル 1 左右どちらか、瞬時に判断

手出しで行います。ベースラインに構え、練習パートナーには自分のコートのサービスラインくらいに、ネットを背にボールを背中に隠して立ってもらいます。左か右かどちらか一方の手にボールを持ってもらい、両手で同時に投げるしぐさをして、左右どちらにくるかわからないように、背の高さくらいに投げ上げてもらいます。

初期動作が見えていないあなたには時間がありません。できるだけ瞬時に上体をひねって、カラダをフォアハンド側かバックハンド側に向ける訓練です。ワンバウンドで打ってもいいですし、打たずに構えるだけでも構いません。素早くフットワークすることを忘れずに。

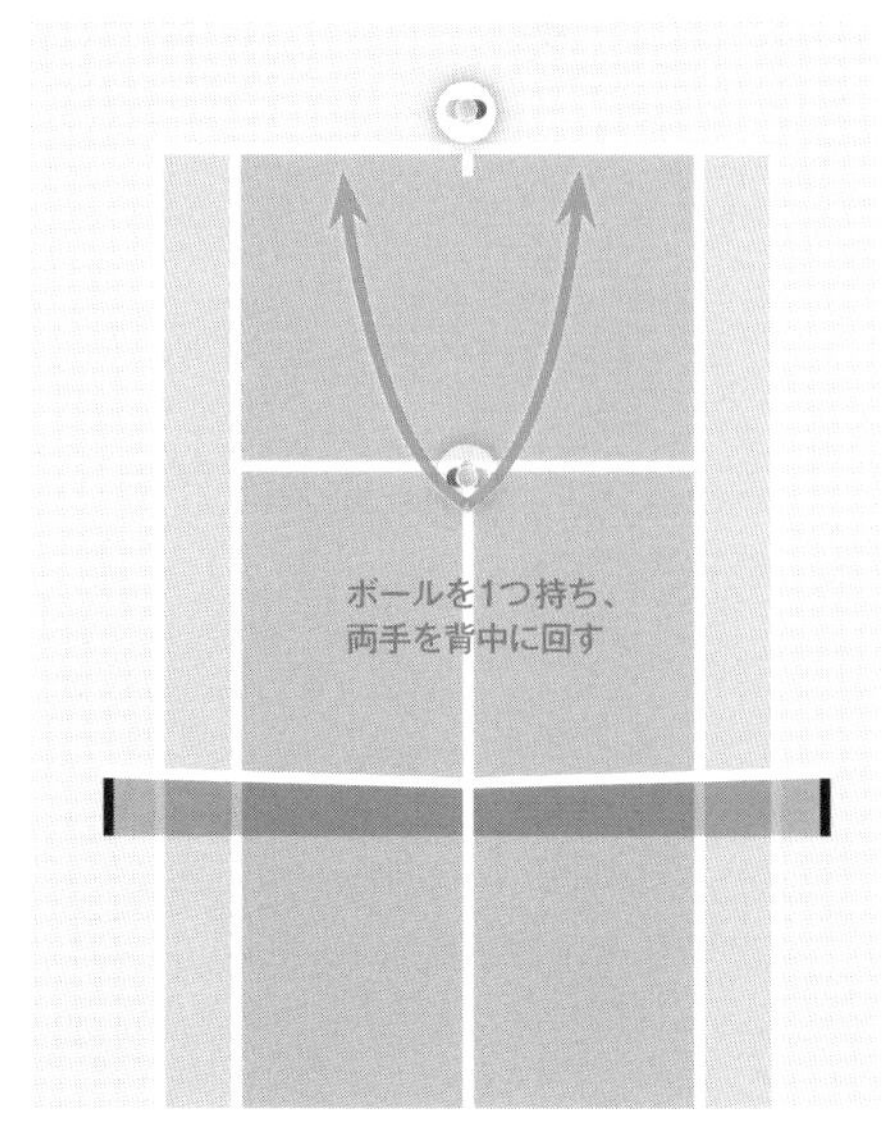

ドリル 2 左右どちらもフォアで構える

ドリル１と同様にボールを投げてもらいます。今度は、どちらに出されてもフォアハンドで構えます。出されたボールに対して素早くフォアハンド側にカラダをコントロールして、ラケットを持たないほうの手でボールをとりましょう。高すぎず、低すぎず、最適な高さで、また、ヒッティングゾーンの少し手前でボールをキャッチしましょう。

後方へ

右へ

回り込みフォアハンド

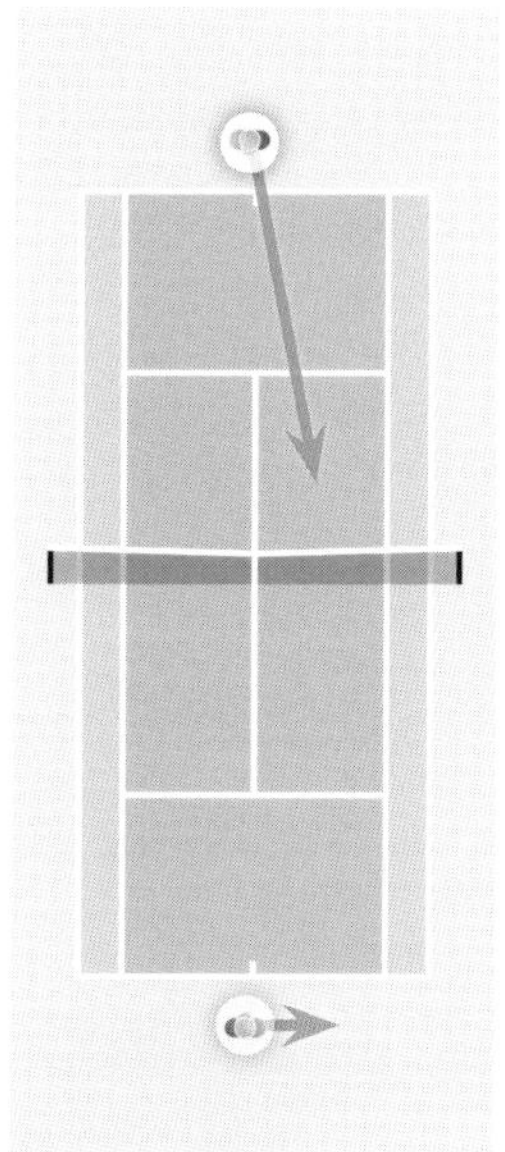

ドリル 3 ネットを通過する前に判断

相手の打ったボールがネット上を通過する前に、左右を判断できるようにしましょう。カラダをひねる動作はラケットのテークバックの前に行います。つまり、左右どちらかわかったら、上体を先に横に向けて素早くボールのところに移動しましょう。カラダをボールの横にコントロールする行為は、カラダの向きがわかる体性感覚の一部です。なお、「カラダをひねる」という動作は、横を向く全身の動作ではありません。上体を先にひねる動作です。

ドリル 4 さらに早めに判断する訓練

ドリル３を行って上達したら、相手のボールがネットを通過する前に、より早く判断できるように練習しましょう。相手コートのサービスボックスの中央付近、 サービスライン上に大きなコーンを２本、目印に置きます。相手が打ったボールがコーンを通過する前に左右に動けるようにしましょう。

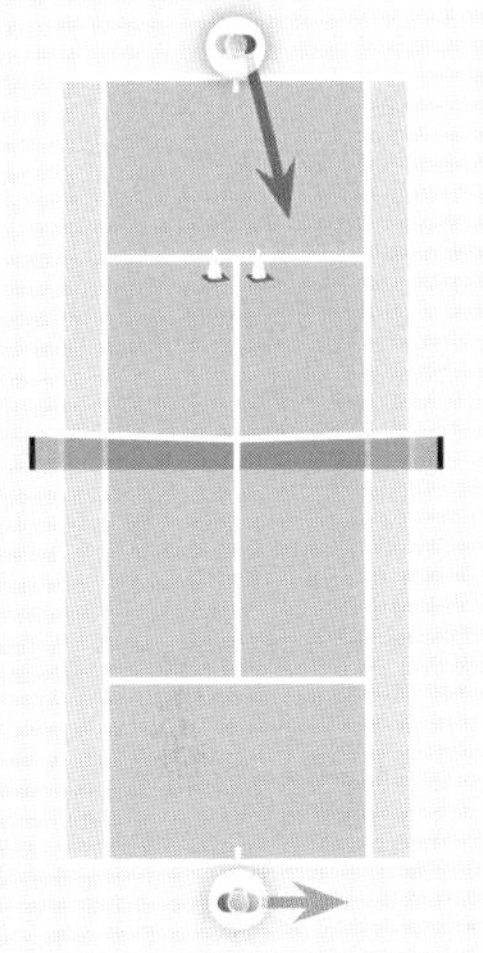

ドリル 5 相手のボレーを瞬時に判断

自分のコートのサービスライン上に目印のコーンを２本置き、練習相手にボレーをしてもらいます。相手が打ったボールが自分のコートのサービスラインを越える前に、カラダをひねって動き出せれば、かなり早くコースが判断できていると言えます。動作が遅い人は、逆にこのドリルを行ってから、ドリル３や４、つまり少し予測が遅くても返球できる練習を行い、ドリル５と同様のスピードで動けるか試してみるのもいいでしょう。

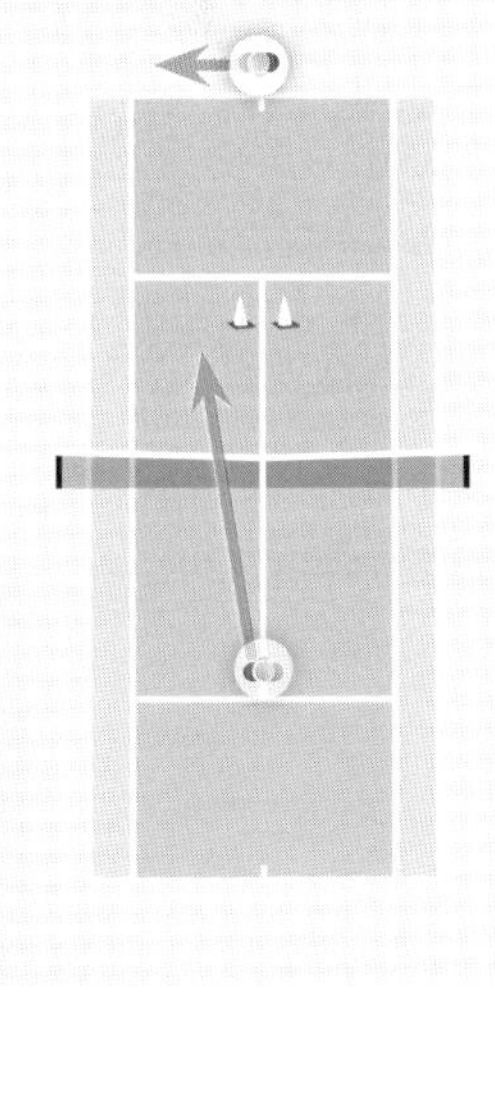

ヒッティングゾーンに入る

正しいヒッティングゾーンが確保できるように動く

これから、ショット実行のプロセス（21ページ参照）の中でも、もっとも大切な「腕から手にかけての触覚」に言及していきますが、そのとき重要になるヒッティングゾーンをここで理解しておく必要があります。ヒッティングゾーンとは、野球でいうストライクゾーンで、あなたにとって最適な打点とその周辺です。

最適な打点は、グラウンドストロークの形で壁を手で押してみれば確かめられます（詳細は後述）。

高低で言えば、カラダからのチカラをもっとも手の平に移しやすい（集めやすい）場所は、おそらく腰の高さです。腰の高さを中心に、上は肩、下は膝くらいまででしょう。

前後で言えば、壁を押したときにカラダがもたれるようなバランスになっていたら打点が前に寄りすぎです。逆にカラダに近すぎて脇が開いてしまい、肘や肩が窮屈になるようなら後ろすぎということになります。

左右（カラダとの位置関係）では、適度に胴体に近い位置、すなわち、脇が大きく開いてしまうほど遠くではなく、しかも窮屈ではない程度に脇が締まる位置でしょう（80ページ以降の「手のセンサー」参照）。

ヒッティングゾーンは小さな冷蔵庫2個分というイメージ

ヒッティングゾーンとは、ホテルの部屋にあるような小さな冷蔵庫2つ分の空間、と考えるとわかりやすいかもしれません。

あなたにとってのストライクゾーンを見つけ、必ずそこでボールをとらえるようにしていきましょう。あなたの肩は、もし望めば360度に回転して、どんな高いボールにも低いボールにも対応できます。しかし、本当に力が入る場所はこのヒッティングゾーンに限られます。ですから、このゾーンを確保できるように動くことが大切です。

最適なヒッティングゾーンを獲得できるプレーヤーは、ボールに近づいたときにバランスがよく、カラダにうまく体重をため込んで、その体重をボールに乗せることができます。したがって、必ずよいボールが打てるのです。

ヒッティングゾーンの
イメージ

ボールが深いか浅いか微調整は可能だが、逆に動くとロスが大きい

一度、左右に動き出したあとで、ボールの深さ（深いか、浅いか）によって進路を微調整するのは、そんなに難しいことではありません。ボールの深さは、走る動きの中で、あとからわかることも多いのです。

ただし、浅いと思って動いたら案外深かったとか、深いと思ったのに浅かったとか、逆をとってしまうとあなたは方向転換をしなくてはなりません。このロスタイムは非常に大きいため、方向転換を余儀なくされた場合は、ボールに追いつけないこともあるでしょう。まったく逆をつかれたら一歩も動けないということもありえます。習得まで時間を要しますが、深いか浅いかの判断が適切にできるようになるまで、たくさん練習することです。

百戦錬磨のプロ野球の外野手が、高い打球にふらふらつられて、最後はとんでもない落球をしてしまうのも、深いか浅いかの見分けが難しいから起こることです。気長に練習を繰り返してください。

また、実戦では、最適なヒッティングゾーンで打てない状況もしばしばあります。ヒッティングゾーン以外で打たされるときは、なんとかバランスを保つ、また、深く返球してバランスを取り戻す、無理をしないで返球し、次のボールで最適なヒッティングゾーンで打てる状況をつくる、などの対策をとりましょう。

深いか浅いかの見分けは難しい。練習を繰り返そう

Chapter 3

フットワーク

Chapter 3 フットワーク

Section 1

体性感覚を生かして行う カラダのコントロール

フットワークとは単に足の速さを指すものではない

あなたは、相手の攻撃を受けているときに、攻撃している側の選手が「いつも良い場所にいる」と感じたことはありませんか？　そう感じるのは相手の予想と予測がうまく機能し、そのプレーヤーが常

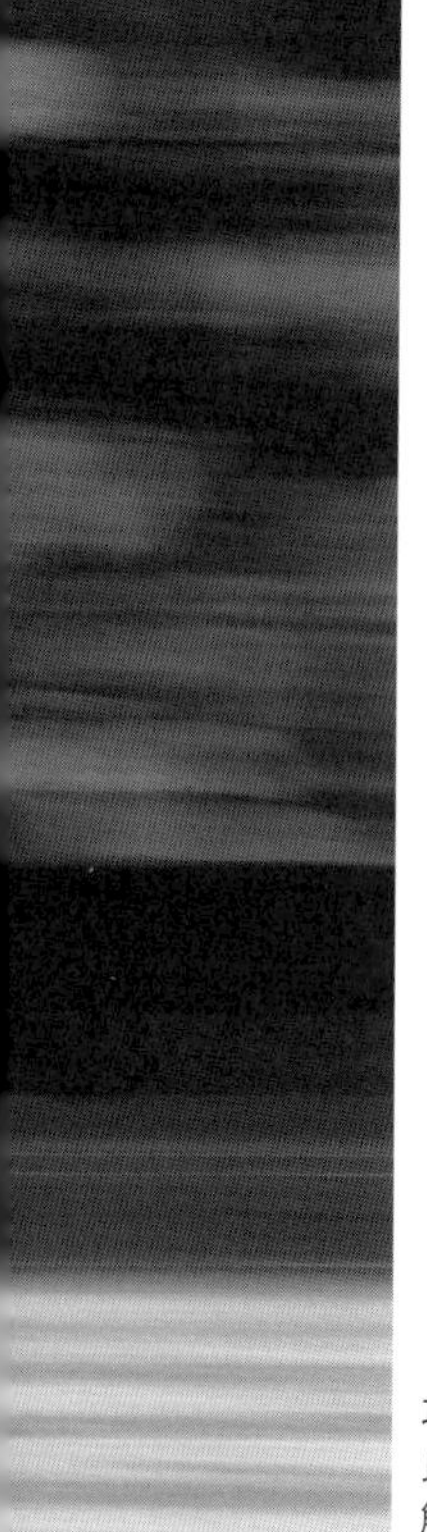

攻撃している側の選手が常に良い場所にいるのはなぜか、理解しよう

ショット実行のプロセス（21ページ参照）は、次に「フットワーク」に進みます。ここまで読んだ方は、予想と予測について理解し、テニスで「足の速さ」と言うときは、単純に駆けっこの速さを表すのではないことにお気づきでしょう。足の速さには予想と予測が大きく関わっています。そして、あなたが攻撃している場面では一層、予想と予測を含む足の速さが求められます。

に自分から動いているからです。

　私はこのように自分から動いている状態を「積極的フットワーク」と呼んでいます。

　あなたは、例えば球出しで行う練習で、左右どちらの側にくるかわかっていても、実戦を想定して、コーチがボールを出す瞬間に動き出すようにしていると思います。もちろん、これは正しい練習方法です。ただ、実戦であなたがラリーの主導権（攻撃権）を握っている場面では、あなたはその「手応え」をもとに予想、予測を行い、自分から動いているはずです。したがって、練習でも、手応えをもってショットが打てていれば、コーチが球出しする一瞬先をとる積極的フットワークを使って構わないと私は考えます。自分から動くというのはそういうことです。

　素早いフットワークで、コーチが打ってくるボールの後ろをとる（ボール軌道の後ろに入る）ように心がけるべきです。そうして常に正しいヒッティングゾーンでとらえられるようにしましょう。

練習といえども「自分から」動く

練習でコーチに「もっと早く動いて」などとアドバイスをされていたとすれば、「積極的フットワーク」からは程遠い状態です。実戦でそれをやったら、あなたは常に相手に動かされている状態、すなわち「消極的フットワーク」の〝ボールチェイサー（追いかける人）〟になるでしょう。

もちろん守備はテニスの大切な一部分であり、ボールチェイサーの立場でラリーを練習しておくことは非常に大切ですが、ゲームで勝利するためには積極的フットワークで攻撃権をとり続けることが重要です。

プロの選手といえども、怠けると言ったら大げさですが、エネルギーはできるだけセーブしておきたいと考えています。では、早めにボールに入ることはエネルギーの無駄で、素早いフットワークを怠ることはエネルギーセーブになるでしょうか？　私はそうは思いません。

常に相手のショットに対応しているさまは消極的フットワークととられ、長時間の試合をすれば消耗は激しく、結果は明らかです。ぜひ自分から動くこと、積極的なフットワークを忘れないでください。

適切な位置に足を置く、巧みに足を運ぶ

テニスプレーヤーはフットワークを鍛えるためのオンコート・トレーニングとして「ラインランニング」や「シャトルラン」を行います。ラインとラインの間をピストンのように行き来するトレーニングです。これ自体は、コートの中での動きを早め、さらに減速と加速の動作を繰り返すので、テニスにもっとも適したトレーニングのひとつであることは間違いありません。

しかし、考えてみてください。あなたは実戦では、ボールをうまく打てる適切な位置に入るべきなのです。ボールとの位置関係が適切な、正しいフットポジションに足を着地させることが必要です。そうしたフットワークが行えなければ、単純に足が速くてもそれだけでは十分ではありません。

「手の感覚」ばかりに意識を向けていないか？

あなたが正しいフットポジションにカラダをもっていけば、ラケットを握った手の感覚（触覚）からのフィードバックはより確かなものになり、上達の助けとなります。そこから得た正確な感覚情報がショットの改善を促すからです。

ところが、もっとも多くのセンサーが集まる手の触覚にばかり意識がとられ、なかなかフットポジションには意識が向きません。せいぜい、追いついたか追いつけなかったかという、単純な足の速さにしか注意を払わないというのが実情でしょう。

ショットがうまくいかない選手に、「フットワークを使いなさい」とまったく違う方向からアドバイスをすると、途端にショットがよくなるという例があります。いかにプレーヤーが手の触覚にばかり意識がとられているかの証明になるのではないでしょうか。

自分の思った場所に巧みに足を運ぶこと、足を置くことは、体性感覚を生かしたカラダのコントロールとして非常に重要な点です。したがって、ここは見過ごせないプロセスであり、もっと訓練されるべき重要な部分であるはずなのですが、意外に、なおざりになっていると思われます。

積極的フットワーク＝
早く正しいヒッティングゾーンに入る人

消極的フットワーク＝
ボールチェイサー（ボールを追いかける人）

フットワークを使い分けられるように脳をプログラムする

最初の動きを決定づける
スプリットステップとワイドスタンス

打球時にはボールを見ているわけで、自分の足のポジションやフットワークを確認することは不可能です。そこでドリルを行い、視覚を使って足が正確に着けているか（足が運べているか）確認しながら、正しいフットワークを身につけることが大切です。

テニスで必要なフットワークをおさらいしておきましょう。まずは、テニスでもっとも大切なフットワークの源となる、スプリットステップをしっかり行います。スプリットステップは身長の半分くらいの幅で実行するのが理想です。かなり広いスタンスであることに気づくと思います。このワイドスタンスがとれるかどうかが、あなたの最初の動きを決

フットワークの源、
スプリットステップ

定づけるといっても過言ではありません。

　ワイドスタンスでどっしりと構え、スプリットステップができました。あなたはすぐに左右どちらかにカラダを向けます。ここでフットワークの出番です。テニスのフットワークは大きく分けて5種類です。これらを目的に合わせて使い分けること、場合によっては複数を組み合わせて使うことが必要です。

最初の動きを決定づけるワイドスタンス

フットワークを使い分けられるように脳をプログラムする

テニスプレーヤーが使い分ける5種類のフットワーク

フットワーク 1

大きなランニングステップ

（ダイナミックなステップ）

遠くに鋭いボールを打たれた場合やネットプレーなどで細かく動いている時間がない状況で、大きな歩幅で走ったり飛びついたりするステップです。例えばサッカーやバスケットボールで自陣から敵陣に向けてダイナミックに走りながらドリブルするとき、あるいはサッカーのゴールキーパーが遠めのシュートに飛びつくときなどに、これを使います。

フットワーク 2

細かいランニングステップ

（アジリティ・アジャストメントステップ）

あまり遠くないボールに使います。ボールの近くで最適な場所を見つけたり、ボールとのタイミングが変化したときにリズムを取り直すために使います。また、カラダに近いボールやスライス、高いボールなどに対し、細かく動いて微調整するときに使います。サッカーやバスケットボールなら、敵陣に攻め入ってディフェンスをかわすときなどに使うステップです。

フットワーク 3

クロスオーバーステップ

遠くに動かされ、早くセンターへ戻る必要があるときに、サイドステップよりダイナミックな動きとして使われます。前方のチャンスボールに対して回り込んだり、浅く低いボールを逆クロスに打つ場合、カラダの正面のボールを避けながら打つとき、あるいはボレーで踏み込んでいくときなどにも使います。バックハンドスライスを打ったあとに使うキャリオカステップもその一種で、後ろから足をクロスオーバーさせます。

キャリオカステップ

フットワーク 4

サイドステップ

テニス独特のステップです。ステップを調整したり、ポジションに戻るときなどに必要です。

フットワーク 5

バックステップ

深いボールのとき(↓)、バックハンドスライスを打ったあと戻るとき、回り込むとき(←) などに使います。

複数のフットワークを使い分けるための実践的ドリル16

これから紹介するのは、複数のフットワークを使い分けるための実践的なドリルです。まずは、どんな場面でどのように複数のフットワークが合成されるかというのを頭に「プログラミング」することが大切です。そこで、基本的にボールを打つ動作とフットワークを分けて練習するといいでしょう。

「フットワークを使う方向」を図で示しました。通常のレッスンでは、ベースライン上の練習ではほとんど「左右」が中心で、ネットプレーの場合などに「前後」が入るくらいでしょう。ところが、実際の試合においては、初心者に近ければ近いほど（ネットを挟んだ）お互いのコントロール能力が低いため、３６０度に近い、あらゆる角度に動かざるを得ません。テニスとは、初心者の場合のほうがさまざまな角度に動き、さまざまな打点で打たなくてはならない、ストレスのかかるスポーツなのです。

そこで、矢印の色（濃淡）で示したように、徐々に動ける範囲を広げていきましょう。まずは左右と前方へある程度動けるようにトレーニングします。そして、より難しい後方へ下がる練習も行い、動ける範囲を広げていきましょう。さまざまなステップを交ぜて動けるように、ドリルを行います。

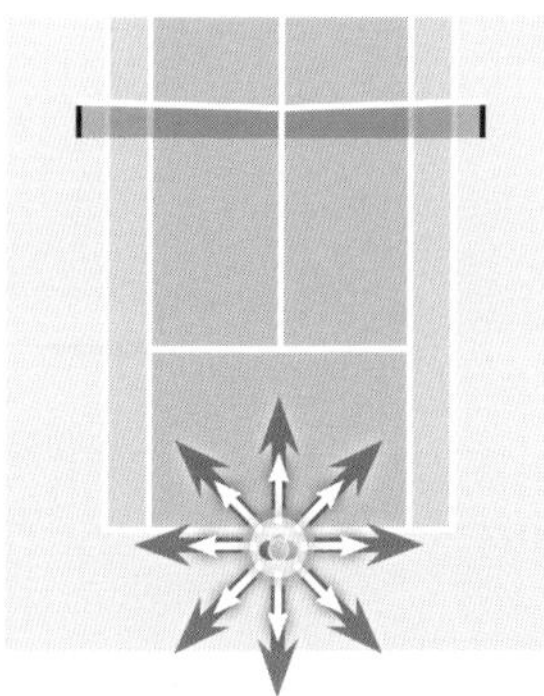

360度、あらゆる方向に動かなくてはならないのがテニス

ドリル 1 リハーサルとして、30%のスピードで

ウォームアップから複数のフットワークを交ぜていきましょう。コートの周りを30%くらいのスピードでジョギングします。ジョギングの合間に、キャリオカステップという、前のクロスオーバーと後ろのクロスオーバーを交ぜたステップを入れます。次にサイドステップを入れ、さらにバックステップもやってみましょう。

最初から正確に行うこと、そして徐々に敏捷性を高めていこう

1 ジョギング

2 サイドステップ

3 キャリオカステップ
(前のクロスオーバーと後ろのクロスオーバー)

4 方向を変えて
ジョギング

5 バックステップ

6 方向を変えてジョギング

ドリル 2 ランニング～クロスオーバーで方向転換

ジョギングの中に、前からのクロスオーバーステップ、後ろからのクロスオーバーステップ、サイドステップ、バックステップを交ぜます。ジョギングとはランニングステップですから、ジョギングから方向転換してみましょう。必ずコート側にカラダを向けて方向転換してください。

方向転換するときにはクロスオーバーステップを使います。クロスオーバーに続けてサイドステップを2度行い、そのまま進行方向へジョグします。これを繰り返します。うまくいかない場合は、クロスオーバーとサイドステップだけ繰り返し練習するのもいいでしょう。

コート側を向いて方向転換

方向転換するときはクロスオーバーとサイドステップ（2度）、ふたたびジョギング

ドリル 3 ジョギング～バックステップ

ドリル２のジョギングから、途中で動きを止め、バックステップを使いましょう。バックステップを1.5mくらいやったら方向転換して、今までジョギングしていた方向と逆の方向へジョギングをスタートします。どちら側から回ってもいいですし、右に回ったら左、次は逆に、と交互に行ってもかまいません。

ジョギングから方向転換

ドリル 4 ワイドスタンスから細かいサイドステップで

足を細かく動かすことに慣れるドリルです。ダブルスサイドライン上にワイドスタンス（身長の半分くらいが目安） で立ちましょう。ホッピング（スプリットステップの最初の動作）を忘れずに。練習パートナーにノーバウンドで左右交互に８回連続、テンポよくボールを出してもらいます。左右の間隔は1.5mから2m。

手始めに、ワイドスタンスからオープンスタンスのままダブルスライン上でボールをキャッチしましょう。 捕るまでに2度細かくサイドステップを挟みましょう。簡単にできるようなら、3回細かいステップを挟みましょう。捕ったボールは、パートナーにすぐに投げ返します。

ホッピング

左右交互に細かいサイドステップで動き、ボールを捕って投げ返す

動く範囲は1.5～2m以内。捕るまでに2度細かくサイドステップ

捕ったら投げ返す。難易度を上げるときは、捕るまでに3度細かくサイドステップ

ボールを捕って投げ返す

ドリル 5 狭い範囲で細かいサイドステップを使う

ドリル4の形から、今度はパートナーに地面に膝をつけて左右交互にボールを転がしてもらいます。左右の間隔は1m以内の狭い範囲で行います。ワイドスタンスから、転がされたボールをカラダの正面で捕り、転がして返します。返すまでの間に、まずは2度サイドステップを挟んでみてください。できるようになったら、3度にチャンレジしてください。敏捷性の高い動きが必要なので、繰り返しの回数は8回くらいがめどです。

カラダの正面で捕る

動く範囲は1m以内。カラダの正面で捕って、転がして返す

左に動いてカラダの正面で捕り、転がして返す

右に動いてカラダの正面で捕る。捕るまでに2度ないし3度サイドステップを挟む

ドリル 6 ボールの後ろをとり、戻るステップもきっちりと

大きなステップと小さなステップを交ぜ、ボールの（軌道の）後ろを素早くとるドリルです。ダブルスライン上で、コートの内側を向いてワイドスタンスで準備の姿勢をとります。パートナーに、シングルスラインの少し内側から、 あなたから1〜2mの距離のところに下手投げのワンバウンドでボールを投げてもらいます。軌道の緩いボールを、左右どちらかに出してもらいます。

あなたは軽くホッピングして備え、ボールが出された瞬間に、クロスオーバーステップを使いボールの後ろをとって、しっかりキャッチします。最初と同じくコートの内側を向いたワイドスタンスのまま、両手でボールを捕りましょう。捕ったらすぐに投げ返し、クロスオーバーからサイドステップで最初のポジション＝ボールを出してくれた人の正面に戻ります。戻るときのクロスオーバーを忘れずに。そのステップだけで届かなければサイドステップを挟み、正面にきっちり戻ってください。

動く範囲は1〜2m以内。クロスオーバーステップでボールの後ろを素早くとってキャッチ

ボールを捕ったらすぐに投げ返し、クロスオーバーとサイドステップで正面に戻る

ドリル 7 バウンドするまでに細かいステップを入れる

ドリル6を8回くらい繰り返したのちにこれを行います。ボールがバウンドする前に素早くボールの後ろをとり（ボールがバウンドしてくる位置を予測することが必要です）、バウンドがトップにくるまでの間に細かいステップを数回挟みましょう。キャッチしたらすぐに練習パートナーの正面に戻ります。これも8回くらい繰り返してください。まずは一回一回しっかりやりたいので、すぐに続けて行うことは避けましょう。必ずワイドスタンスで相手の正面に立ち、ホッピングを行って準備を整えた上で、次のボールを出してもらいます。

ホッピングして準備を整えてからスタート

ボールの後ろを素早くとる

バウンドがトップにくるまでの間に、細かいステップを数回挟む

このドリルは流してやらないように（または振り回しにならないように）インターバルをとり、一回一回しっかりやることが大切！

ドリル 8 ノーバウンドとワンバウンドを交ぜて行う

ドリル7と同様に、今度はノーバウンドとワンバウンドを交ぜてボールを出してもらいましょう。それを、細かいステップだけを使ってキャッチしてください。

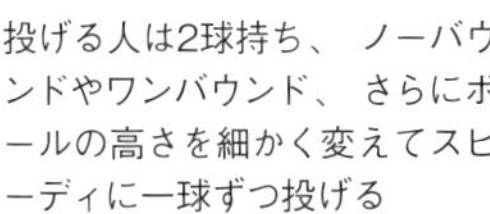

投げる人は2球持ち、ノーバウンドやワンバウンド、さらにボールの高さを細かく変えてスピーディに一球ずつ投げる

細かいステップだけを使ってボールの後ろをとる。後ろをとってボールをキャッチしたら素早く投げ返す

遠く

遠くを指差された場合は2歩の大きなステップで近づき、シャドースイングしたあと（↑）、戻りはクロスオーバーとサイドステップを使う（↓）

ステップを使い分け、シャドースイングを行う

ラケットを持たず、シャドースイングで行います。あなたはベースラインのセンターマークの少し後ろに立ちます。練習パートナーはネットを背にベースラインとサービスラインの中間くらいに立ち、指であなたに位置を指示します。

あなたはいつもの正しい構えから、指差された場所でシャドースイングをします。カラダの近くを指差された場合は細かいフットワークからシャドースイングし、サイドステップだけで戻ります。遠くを指差された場合は、2歩の大きなステップで近づいてシャドースイングします。戻りはクロスオーバーステップからサイドステップを必ず実行します。

8回程度繰り返して行いますが、細かいステップの中に大きなステップが3回入るくらいが適当でしょう。最初から左右両方で行うのは難しいので、フォアハンドならフォアハンドだけ、どちらか片方で行い、慣れてきたら両サイドでできるようにします。

もしも近くを指差された場合は
細かいフットワークを使う

ドリル 10

2種類のステップから実際に打ってみる

ドリル９同様の要領で、手出しのボールで実際に打ってみましょう。下手投げで簡単なボールをワンバウンドで出してもらい、シャドースイングのドリルで行ったように、フットワークをそれぞれの状況で使い分けてみましょう。この場合もいきなり両サイドで行うより片側からスタートすると簡単です。10球くらいで十分厳しいトレーニングになります。

スピードを上げたあと減速して、正確にフットポジションをとる練習

近くは細かいステップ、遠くは大きなステップで

ドリル 11

正確にフットポジションをとる

これは簡単な切り返しランニングですが、正確にフットポジションをとることがテーマです。

シングルスのサイドラインとセンターラインの間を3往復します。シングルスラインと、もう一方のシングルスラインの間で行ってもかまいません。どちらの足でもかまわないので、シングルスラインを踏むか踏まないかの、できるだけギリギリのところにフットポジションをとってください。

正確なフットポジションをまったく気にしないで走ったときより、当然スピードは落ちます。ただ、実際にボールを打つときは、正確にボールをとらえるために最適なポジションにカラダを運ばなくてはなりませんから、スピードを上げても、その後、正確にフットポジションがとれるように練習していきましょう。

ラインギリギリに止める

姿勢で止まることです。きっちり止まれたら、そこから反対側にダッシュして、またフラミンゴの姿勢で止まります。

次に、ネット方向にカラダを向けた状態で内側の足、つまりフォアハンド側では左足1本、バックハンド側では右足1本で止まってみましょう。加速があるときれいに止まれないのがすぐにわかります。常に足がライン上にあることを確認しながら行います。

スピードを上げたあとに減速して、ライン上に一本足で立つ。正確に止まる練習

ドリル 12 急減速した上で、フラミンゴ姿勢バランスを保つ「フラミンゴドリル」

ドリル11と同じシャトルランですが、今度はライン上で、バランスよく止まることを目的に行います。

実戦の動きでは、急いでボールのところにいく加速のフットワークと、ボールをまさに打とうするときに減速して止まるフットワークが求められます。また、ボールを打ったらすぐさま加速して次のポジションに移動し、センタリングして（守備範囲の中央にポジションをとり）、ただちに減速し、止まる動作も求められます。

そこで、シングルスラインまでダッシュしたら、カラダをネット方向へ向けた状態で外側の足、つまり右利きの人はフォアハンド側に走ったら右足1本（写真左端）、バックハンド側に走ったら左足1本（写真右端）で止まってみましょう。バランスを保つコツは、両手を広げてフラミンゴのような

両手を広げてフラミンゴのような姿勢できっちり止まる

シグナルの方向に素早く動き、ラインぎりぎりに足を正確にプレースメント。その後、すぐにパートナーに視線を戻し、次の指示に反応する

足を正確にラインにプレースメントしたら、すぐに視線を正面に戻そう!

正確に足をプレースメントする。
徐々にスピードを上げていこう

ドリル 13 ラインを使ったフットポジション、ボディポジション

デュースサイドのサービスライン上でネットに正対し、サービスボックスの中央にポジショニングしてください。パートナーは、ネットを背にしてボックスの中央にあなたと向かい合う形で立ちます。パートナーは腕を前に突き出して親指を立て、その指を左右どちらかに倒します。あなたはそのシグナルに従って素早く動きます。

左右等距離にシングルスラインとセンターラインがあるので、これをフットポジションの目印にします。シングルスラインには右足のつま先を、センターラインには左足のつま先を、ラインを踏まないギリギリのところにプレースメントします。しっかり足を着いたら、すぐさま元の位置に戻ります。

最初はスピードは問いませんが、正確に足をプレースメントできるようになったら、徐々にスピードを上げていきます。足に意識がいきすぎて、足先ばかりに目がいきがちなので、足を正確にプレースメントしたら、すぐパートナーのほうに視線を戻してください。

同じ要領で、両足のつま先をフットポジションにプレースメントすることもやってください。最初にやったのと逆の足（写真／シングルスラインに左足のつま先を、センターラインには右足のつま先を近づける＝クローズドスタンスの形になる）もやってください。

ドリル 14

「近く」は細かいステップ、「遠く」は大きなステップで移動

ドリル13ができたら、今度はサービスボックスの中央よりややシングルスライン寄りに立ちます。パートナーには同じ要領で指示を出してもらいますが、左右ではなく「近く」と「遠く」の2種類のシグナルを出してもらいます。

「近く」を指示されたら細かいステップでシングルスラインに近づき、フットポジションに右足をプレースメント。「遠く」を指示されたら大きなステップで移動し、ダブルスラインのすぐ近くに右足をプレースメントします。細かいステップと大きなステップを混同しないように。これも、フットワークのコントロールと、思った通りのフットポジションをとることを両立しなくてはなりません。

3回に一度、「遠く」が挟まるくらいが適当です。そうやって3度くらい「遠く」を行うと十分な強度になります。同様にアドサイドでも行います。

「近く」は細かいステップで、正確にライン際へ足（つま先）をコントロール

「遠く」は大きなステップで、正確にライン際へ足（つま先）をコントロール

ドリル 15 指示棒を使った ボディポジション・トレーニング

ドリル14ではかなりストレスがかかったでしょう。次のドリルはカラダをコントロールするだけですので、フットワークを強く意識する必要はありませんが、細かいステップが必要なので意外にタフなトレーニングです。10秒くらい行えば十分です。

パートナーに指示棒（ラケットなど）を持ってもらいます。あなたはベースラインの少し後方に立ち、パートナーはネットを背にしてあなたに指示棒を向け、少し歩きながら、前後左右にその指示棒で方向を示します。あなたはフォアハンド、またはバックハンドで構え、指示棒とあなたのカラダの距離を約1mくらいに保ち続けて動きます。

最初は方向だけ指示し、慣れてきたらパートナーには高低差をつけて指示してもらいます。肩の高さから膝の高さの間で、高いところを指示されたらラケットを高くセットし、低いところを指示されたら足を曲げて姿勢を低く保ったまま、細かく足を動かします。

パートナーが「フォア」「バック」とコールしながら行っても面白い練習になります。

後

低

パートナーとプレーヤーの距離は常に約1mを保ち、カラダを移動

高

遠

と使い分けます。もちろん正しいフットポジションをとることを忘れずに。かなりハードなトレーニングなので20秒以上やる必要はありません。レベルに合わせて距離や時間を調整してください。

動く範囲は3m。遠くに動くときは大きなステップで、コーンぎりぎりに移動

(←)(↑)コーンぎりぎりに正確にフットポジションをとったら、すぐにパートナーに視線を戻して、センターに素早く戻る

ドリル 16 コーンを使った フットポジション・トレーニング

あなたはベースラインの少し後ろにポジショニングします。あなたのカラダから1m半から2mくらいの距離のところに、位置は360度どこでもいいので4ヵ所くらいにコーン（目印）を置きます。あなたは細かいステップを使い、そこに移動します。正確なフットポジションをとることがテーマですから、コーンのすぐ近く、ギリギリのところに、正確に足を着かなくてはいけません。

パートナーが指差したコーンに素早く動き、正確にフットポジションをとったら、すぐにパートナーに視線を戻して、センターに素早く戻ります。これを8回くらい繰り返します。

うまくできたら今度は、大きなステップが必要な3mくらい離れたところに2つのコーンを加えます。後方への動きは難しいので、真横か少し前方がよいでしょう。最初にセットした4ヵ所には細かいステップで、新しく加えたコーンには大きなステップで、

動く範囲は1.5〜2m。近くに動くときは細かいステップで、コーンぎりぎりに移動

"打つこと"以外の動作を意識し、カラダ全体を操る

ほかの部位をうまく操れば、メーンの動作が効率的になる

私たちはつい利き手（便宜的に「右手」と表記します）にばかり意識がもっていかれるのですが、あまり意識がおよばない左手をうまくコントロールする（操る）ことで、利き手の右手もリラックスし、うまく機能します。また、フォームはカラダ全体を連動させるものですから、敏感な右手だけを意識しがちなテニスプレーヤーにとって、ほかの部位に意識を向けることはたいへん有意義です。

簡単な例で説明しましょう。「走る」という動作はテニスよりよほど単純な動作ですが、実は多くの動作が複雑に絡み合って機能を高めています。みなさんが走るとき、「腕をしっかり振りなさい」とか「顔が緊張しているからもっと力を抜いて走りなさい」などと指導者がかける言葉は、脚を使って走るというメーンの動作をより効率的に行うためのアドバイスです。これらは、脚を繰り出すことだけに意識が向かい、ほかにコントロールすべき部位があることに気づかなかったプレーヤーには素晴らしいアドバイスとなるでしょう。すなわち、大きな動作に支配されている意識、主要な体性感覚に支配されがちな意識を、全体的なものに、つまりカラダのどの部位にも向けてほしいということです。

「足を動かす」という
ほかの部位への意識が習得や修正を助ける

身近な例を挙げてみましょう。パソコンや携帯電話を操作しているときや、机に向かって書きものなどをしているとき、作業に集中しすぎて姿勢が悪くなっている場合がありますが、長時間の作業を効率よくこなすには、これは避けるべきです。見ている人がいれば、「変な格好になっているよ、姿勢を正して」などと注意されることでしょう。

スポーツで、主要な動作や、より大きな体性感覚に支配されすぎているというのは、これと同じ状態です。効率的な動きをマスターしていく過程では、主要な動作以外にも意識すべき部位があり、全体的な体性感覚をもつことが非常に大切です。

もう少しテニスに即して考えてみましょう。コーチが「足を動かしなさい」とアドバイスすることは珍しくなく、トッププレーヤーでさえ、「足を動かすことを自分に言い聞かせた」などと初心者のような言葉で試合を振り返ることがあります。これは何を意味しているのでしょうか。

どんなに熟練したプレーヤーでも、瞬時に行うストロークの動作をその場で修正することはできません。また、試合や練習中、頭の中で考えすぎたり、いくつものアドバイスを同時に受けたりすると、パニックになってしまい、フォームは改善されるどころかどんどん悪いほうへ向かいます。それを補うのが、ほかの部位への意識であり、全体的な「体性感覚」なのです。

スマッシュでのクロスオーバーステップ

“打つこと”以外の動作に少し意識を向けてみよう

「体性感覚」を理解する ふたつの動作を同時進行させるスマッシュ

スマッシュのドリルを通じて、ほかの部位への意識や全体的な体性感覚の重要性を理解してください。

ロブはサービスのトスよりもかなり高い位置から落下し始めるため、ボールはサービス時よりかなり加速して地面に向かってきます。そのため、いい打点で適切なタイミングでラケットを出すのは簡単なことではありません。そこで、すぐに利き腕が打点に出てくるように、コンパクトに構えることが大切です。そして加速し、勢いを増して落ちてくるボールを最適な打点でとらえるために、ふたつの動作を同時進行させます。

ひとつは、左手をボールを差すように伸ばし、しっかり上体を立てた「構え」の動作です。右手と左手の位置関係は、ちょうどライフル銃の銃身から銃口までの距離に相当し、狙いを定めやすくなります。また、前にお伝えしたように、左手は利き手をリラックスさせる役割を果たします。

もうひとつの動作は、正しい位置に足を運ぶ「フットワーク」です。フットワークがまずいと落下点に入ることができず、思うようにスイングできません。すると、体勢を崩して打点にラケットをもっていかなくはならず、そこまでにやってきたことが台無しになってしまいます。

そこで次に紹介するドリルで、異なるふたつの動作を習得し、右手以外の部位への意識を身につけましょう。

まずボールの落下点に足を運ぶ（写真はサイドステップ。73ページにクロスオーバーステップを紹介）

ドリル 1 必然的にフォームがコンパクトに

スマッシュの矯正のためによくコーチがレッスンで行うのは、ボールの下に入りやすいように、あまり高くないロブでの練習です。そこで、このドリルを行いましょう。これはひとりでも練習できます。ボールを地面に叩きつけ、跳ね上がったのを打ちましょう。上体の素早い準備が練習できます。心がけたいのはコンパクトなフォーム。実戦では高いロブが想定され、だからこそフォームを小さくする必要があります。

ドリル 2 打ってもすぐ次のボールがやってくる

オートマチックにコンパクトなスイングを学習する方法です。コーチか練習仲間にトントントンと3球連続で低いロブを上げてもらいます。最初のロブをスマッシュしても、すぐ次、すぐまた次と、まったく時間がありません。強制的に素早く構え、打つことになります。

ドリル 3 左手＋フットワークも意識

ドリル1、2でマスターしたコンパクトな動作と同時に、左手でボールを差すようにしてサッと構えます。ロブが上げられた瞬間、すぐに脚も反応できるようにしましょう。練習仲間にボールを出してもらいますが、見送るだけで、実際に打たなくて構いません。

ドリル 4 ボクサーのようなフットワークで

ボールの落下点に入り、伸ばしておいた左手でキャッチします。結局のところ、スマッシュではフットワークがとても大切です。ジャンピングスマッシュのための大きなフットワークは別として、まずは基本的なスマッシュを処理するために、ボクサーのように、小刻みに跳ねるように脚を動かし、ボールの落下点に入ること。これも実際に打つ必要はありません。

ドリル 5 ドリル1～4の総仕上げ

いよいよスマッシュを打ちましょう。素早いコンパクトな構えで、利き腕でラケットを担ぐ動作、カラダをしっかり立てたまま左手を伸ばす動作、そして小刻みなフットワーク動作を同時にやってみましょう。

神経が届きにくい部位をいかにうまく操るかステップの例

ほかのページで例に挙げましたが、ドライバーが車をバックさせるために後方確認をする際、胸郭が硬くて上体をうまく回旋できないときは、お尻の向きまで変えて大きく座り直さなければ振り向くことが困難であるという話をしました。座り直さないとすれば、無理やり首の筋肉や背筋を使って振り向かなくてはなりません。

このように、神経があまり行き届かない部分、意識を向けにくい部位をコントロールするのはたいへん難しいことです。ましてや柔軟性が低下していたり、筋力がなかったりすると、カラダのある部分を正しい位置にもっていったり、そこで止めるというのは骨の折れる仕事です。

ドライバーが車をバックさせるときの後ろを振り返る動作を想像してみよう

ハーフショットでの最後のステップ。つま先を立て、かかとから入っている

ハーフショット、ローボレーと低い打点のグラウンドストローク

カラダのひねり込みに関しては別のページで取り上げることとして、ここでは、低いボールを処理するために体勢を低くキープしなければならない場面（低い打点のグラウンドストロークやローボレー、ハーフショットなど）での脚の使い方についてドリルを含めて紹介します。

このページの写真は、ハーフショット、ローボレーでの最後のステップと、グラウンドストロークで横に走らされ、止まって打つ場面です。いずれの場合も、早めに体勢を低くして、それを保って最後のステップを行わなくてはなりません。

ここで起こるミスの大半は、重心が高い状態で止まろうとすることに起因します。すると、実際にショットを打つ際には前のめりになってしまい、ラケットをボールの下に入れることが難しくなります。もし、うまく返球できたとしても、前のめりになっているため、走っていった方向やステップした方向から切り返して元に戻ることを難しくしてしまいます。

ローボレーでの最後のステップ。かかとから入り、しっかり止まっている

グラウンドストロークで横に走らされ、止まって打つ場面。かかとから入り、重心が低く保たれている

ドリル 6 ローボレーの返球 つま先を立て、かかとからステップ

練習相手に下手投げで膝元に低いボールを出してもらい、ローボレーで相手に軽く返球しましょう。ネットを挟んで行う必要はありません。まず、パワーポジションを意識して、低い構えをとります（ワイドスタンスで構える）。ほぼワンステップで打つのですが、ボールを打つタイミングと踏み込むステップを合わせるようにします。

シューズの底が相手に見えるように、つま先を上げてかかとからステップしましょう。できるようになったら、スプリットステップから、勢いをつけて、より前方へ、またはよりサイド方向へとステップしてみましょう。もちろん、つま先を上げ、かかとからステップします。また、打ったらすぐに構え直せるか、やってみましょう。

シューズの底が相手に見えるように、つま先を上げてかかとからステップイン

ドリル 7 低いグラウンドストロークの返球 最後のステップでブレーキをかける

ベースラインの中央に姿勢を低くして立ち、練習相手に下手投げでワンバウンドのボールをシングルスのサイドラインとベースラインが交わるあたりに出してもらいます。これをオープンスタンスのフォアハンド、あるいはクローズドスタンスのバックハンドで返球します。写真のように最後のステップは進行方向に踏み出すことになりますが、このとき、シューズの底がコートの外へ向くように、また、つま先が立ち、かかとから着地して、この足でブレーキをかけて打つようにしてみましょう。これが難しい方は、ボレーのときのようにもう少し近い距離にボールを投げてもらい、まずはステップだけ練習し、できるようになったら徐々に難しくしていきましょう。

シューズの底がコートの外へ向くように、つま先が立ち、かかとから着地。着地した足でブレーキをかけて打つ

Chapter 4

手のセンサー

Chapter 4

手のセンサー

Section 1

手のセンサー（触覚）を使い、有益な情報を受け取る

手の触覚は「体性感覚」の本丸である

私たちはショットを実行する際にさまざまな感覚を次々と活用していきます。それを21ページに表しましたが、その中でもっとも大切な体性感覚と言えば、もちろん、手の部分の触覚です。「ラケットのコントロール」から「インパクト」が、手の触覚を活用する動作です。

この本を読み進め、フットワークのトレーニングもしっかり行い、打球前の「カラダのコントロール」を身につけたあなたは、ほぼパーフェクトなボールとの関係を築けているでしょう。すべての事前条件をそろえたわけですから、あとはスイングするだけの状態です。

手はカラダや足と比べ、末梢神経がより多く集まる部位

ドリル 1

壁を押すには どの高さが押しやすいか

打球方向＝壁と考え、その壁を手で押します。腕（肩関節）は360度、どのようにでも自在に動きますが、カラダの後ろ側で打つことはあり得ないので、カラダの前面を壁に向けて立ち、フォアハンド側にスタンスをとって壁を自由に押してみましょう。

まずは、胸の高さから膝の高さくらいまでで壁を押してみましょう。どうでしょうか、腰のあたりが一番力が入るのではないでしょうか。ただ、胸の高さでも膝の高さでも、少し体勢を変えれば、比較的楽に力が入るでしょう。

今度は、頭より高いところ、膝より低いところで手に力を加えてみましょう。おそらく壁に対してまっすぐ（90度の角度で）力を加えるのは難しいはずです。

で、ショットを打つという行為にかかわる情報の多くはここから入り、フィードバックに役立てられます。すなわち、ここからが体性感覚の「本丸」というわけです。

正しい情報を受け取るため、正しいインパクトを知る

ボールを打ったとき、手の中には、いま打ったボールが良いか悪いかを判断する上でもっとも信用できる感覚が残ります。この感覚がフィードバックとトライ&エラーによる学習に役立てられます。

手に残る感覚が良いものだったか、あるいは悪いものだったかを正確に知るには、正しい打点、インパクトの位置を知らなくてはなりません。そして、正しいインパクトポイントでは、どんな気持ちよい感覚が手のひらに返ってくるかを知らなくてはなりません。

そこで、まずはカラダと打点の正しい関係、そして、もっとも腕の力が伝わりやすいポイントを、壁を使って探してみましょう。

ドリル 2

カラダから遠すぎても近すぎても押しにくい

今度は少しカラダに近い位置で壁を押してみましょう。肘や肩が窮屈で、押しているはずなのに、逆にカラダが壁に押し返されそうな感じでしょう。

次にカラダから離れた場所で壁を押してみましょう。これもやはり、壁をまっすぐ押すのは不可能のようです。力が手の指の方向へ逃げてしまい。バランスが崩れて足をとられてしまうでしょう。

カラダに近い　　カラダから遠い

手や腕に伝わる感覚の違いで
正しいインパクトを理解しよう

手や腕に伝わる感覚の違いで正しいインパクトポイントを理解する

ドリル1、2を行うと、力が手のひらにしっかり伝わる場所とそうでない場所があり、それぞれ、手に伝わる感覚や腕に伝わる感覚が違うのがわかるでしょう。実際にボールを打った場合でも、打ったあとに、あるいはボールが当たる少し前に、あなたは同様の感覚を得られるはずです。最初はそれが得られなくても、徐々にわかるようになります。また、カラダからの力がうまく手に伝わる高さ（＝膝から胸の高さまでの間）でボールをとらえるように努めるだけで、打点とカラダの関係がわかり、もし、間違った打点で打ってしまったとすれば、それが感覚として理解できるようになります。

手首とラケットの関係は、常に一定であるべきか

イラストに示したように、打点の高さによって手首とラケット面の関係は若干変わるものだということを理解してください。

腰の高さを中心に上下に数十cm程度までなら、多少の高低差があっても手首と面の関係はイラスト（左ページ下）のようにほぼ水平になります。多少、カラダに近くても、逆に遠くても、腕をうまく縮ませたり伸ばしたりすれば、狙った方に面をしっかり保つことができるでしょう。

しかし、肩より高いボールを打つ場合や膝より下のボールを打つ場合、腰の高さで打つときの手首とラケットの関係を保とうとすると、腕が非常に窮屈な状態になり、力も入れづらいことが理解していただけるでしょう。プロの選手たちは、手首とラケット面の関係を保ったまま、肩の位置を調節し、こうした状況でも非常にうまくラケット面をコントロールしています。

ヒッティングポイントは一点ではなく、ゾーンである

ここまで読んでいただいてわかることがあります。それは、理想的なヒッティングポイントは、一点ではないということです。ヒッティングポイントには少し奥行きがあり、逆に少し前方になってしまっても対応は可能です。また、少し遠くても、あるいは近くても、腕をリラックスさせておけば対応できます。つまり、ヒッティングポイントとは「点」ではなく、ある程度の広さがある「ゾーン」と考えて差し支えありません。

そこで私たちは「ヒッティングポイント」と同じ意味で、これを「ヒッティングゾーン」とも呼んでいます。壁を押して、腕の力がもっとも伝わりやすいポイントを探したら、今度はその広さ（すなわち許容範囲）も感じてみてください。

ドリル 3

壁から離れて押し、前すぎる（早すぎる）打点を実感

ドリル1と同じ要領で、今度は壁からもう少し離れて立ちます。壁とあなたのカラダの関係は、適切な状態より離れてしまいました。あなたはフォアハンド側にスタンスを決めましたが、おそらくかなり左足加重（右利きの場合）となり、へたをすれば右足が地面から離れ、バランスも前に崩れかけているはずです。つまり、打点がこれほど前になったら、ボールをしっかり打てないことが理解できるでしょう。

ドリル 4

壁にうんと近づいて押し、後ろすぎる（遅すぎる）打点を実感

同じように、今度は壁にうんと近づいてみましょう。壁が接近しすぎて腕が窮屈になり、壁にカラダを預けるというより、壁に押し返されるような体勢になっていることでしょう。こんな体勢でのインパクトは、打点が遅れ、適切な位置より後方になってしまったときに発生します。

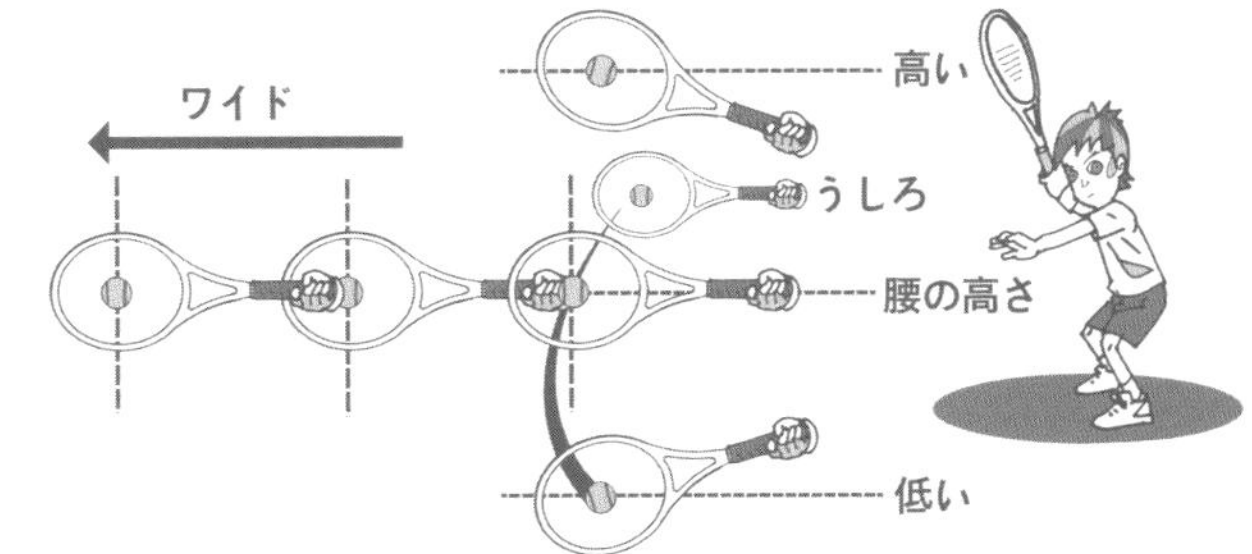

ヒッティングポイントの広さ（ゾーン）を感じてみよう

ボールを力強く撥ね返す手首の形とは

（80ページからの内容で）壁を押してわかることは、ほかにもあります。壁を押したときの手首の形です。手のひらを壁にうまく押し当てた状態では、おそらく手の力はまったくと言っていいほど使っていないと思います。指に力みがあるとすれば、おそらくあなたの手首は正しく背屈した状態になっていません。

背屈とは、腕立て伏せ（写真）をするように両手で壁にもたれかかったときに生まれる手首の角度のことです。普通に直立した状態での足首の角度がこれに似ています。足の裏が自然に接地していれば、足に何の負担もかからないのと同じで、手首が自然に背屈している状態であれば、握力や上腕や前腕の筋肉もまったくと言っていいほど使う必要がありません。

したがって、インパクトでこの手首の角度ができていれば、もっとも小さな力で、スピードの乗ったボールをラケットで受け止めることができます。それを力強く撥ね返す力も生まれます。角度がうまくできていなければ、あなたの指や前腕に大きな力が必要になるでしょう。写真の重量挙げの選手はバーベルを全身で支えていますが、手首は正しく背屈した状態であり、他の部位のどこにも無理な力は加わっていません。手首とは、正しく背屈できてさえいれば、それくらい頑丈にできているのです。

腕立て伏せの手首に注目

バーベルを持ち上げた手首に注目

手の感覚を磨き、修正に役立てる

インパクト時の手首の角度や体勢を理解しても、実際にラケットのスイートス

ドリル 5 ラケットのシャフトを握って押し返す

壁を押しているときの手首の形を、実際にラケットを持って実践してみる方法があります。ラケットのグリップではなくシャフトの部分を握り、フォアハンドのスタンスを決めて、ヒッティングポイントにラケットをセットします。友人に壁の方向＝ボールが飛んでくる方向から、ラケットのトップとグリップを両手で軽く押してもらいます。あなたはこれを押し返してください。うまく押し返せるところが、一番力が伝わるポイントです。うまくできていれば、手で押し返しているというより、全身を使ってバーベルを上げる重量挙げの選手のように、両足で踏ん張り、全身でつくり出したエネルギーを手に伝えている感覚が理解できるはずです。

ドリル 6 ヒッティングポイントを外した感覚を知る

あなたはヒッティングポイントに構えます。友人にテニスボールでラケット面の先や根元、そして上側、下側を軽く押してもらいます。あなたは、手がどんな感覚を受け取るか、感じ取ってください。わかりづらい場合は、目をつぶって行うといいでしょう。ボールではなく指で軽く突いてもらうのもいいでしょう。手のひらの感覚が鈍い選手には、上達してからでもこの方法で感覚をテストする場合があります。楽しみながら、やってみてください。

ドリル 7 どこに当たっているか、声に出して確認

実際にラリーをして、「今のは先っぽ」「今のは上」という具合に、ラケットのどの位置に当ったか毎回、口に出して言ってみましょう。

ドリル 8 ストリングのインクの落ち具合で確認

ストリングのスイートスポットにインクを付けてラリーをします。数分間ラリーしたあとに、インクの落ち具合をチェックしましょう。どのくらいスイートスポットでボールをとらえたか一目瞭然です。私（竹内）はよく練習後にストリングに付いたボールのフェルトを見て、どれくらいスイートスポットを外してしまったかチェックしています。

ポットでボールをとらえない限り、思ったような威力とコントロールのボールを打つことはできません。正確にスイートスポットでボールをとらえるには、もちろん練習の積み重ねが必要です。ただ、今のテーマは「体性感覚で」すから、感覚的にどこに当ったか判断し、次の機会に修正できるように、手の中の感覚を磨いていく方法をお伝えします。

手のセンサーを生かしたテクニックと習得法

フィードバック＋フィードフォワードで課題を克服する

ここまでの練習をこなした方は、正しい打点＋スイートスポットでボールをとらえたときと、そうでないときを、はっきり感覚としてわかるようになっているでしょう。

良い打点がわかると、当然、悪い打点もわかるようになります。例えば、あなたはカラダが窮屈になり、押されたような感覚で「打点が遅れた」と感じたとします。その結果として、振り遅れが起こったことによりボールが右側に（右利きのフォアハンドの場合）それてしまいました。そのときあなたは、その現象から、「ラケットを出すタイミングが遅かった」ことを理解するでしょう。

こうして「タイミングが遅かった」という、ミスの原因を突き止め、それを次のショットに生かす（イメージ通りのショットを再現する）行為が「フィードバック」です。これを正しく行えば、次のショットにおいてインパクトポイントの前にあなたがしなくてはならない行為が導き出されます。すなわち、「フィードフォワード」が決まります。

フィードフォワードは、フィードバックとセットになるもので、前もってミスの起こる要因を極力なくそうとすることです。トッププロも、このようなプロセスで課題を克服しています。

手のセンサーによって生み出される5つのテクニック

では、具体的に「体性感覚」の本丸である「手のセンサー」について、前述の練習でインパクト時の手の形、手首とラケット面の関係は理解したと思います。その形を、テークバックやフォワードスイングでどのようにつくり出すか。そこでみなさんに求められるのが、練習です。

ここでは、あなたが練習で磨き上げるべきテクニックを紹介します。なぜこれらのテクニックが戦術の根本になるかということも、あわせて理解していただけると思います。手の優れたセンサーは、次の5つのテクニックを生み出していきます。

❶ **テンポよくラリーし、ボールをコントロールするための**タイミングのチカラ

❷ **ボールスピードを上げる、すなわち**加速させるチカラ

❸ **❷と逆にスピードを抑えるなどの**減速させるチカラ **（力の抑制と制御）**

❹ **相手のスピードを利用する、あるいは**ブロックするチカラ

❺ **相手のスピードを利用し、しかも、もっとスピードを上げるために**加速とブロックを利用するチカラ

これらは戦術のもとになるテクニックであり、この5つができるか否かが戦術を遂行できるかどうかに関わってきます。また、この5つのテクニックを鍛えることで、自分が今、どのエリアでテニスをしているのかが自ずと理解できます。

そして、自分のタイミングやショットの強度を知ることができます。その結果、力の入れ具合や、さまざまな異なる状況下での調節機能と対処方法が上達します。

では、一つひとつテクニックを紐解いていきましょう。

一定のテンポでラリー基本の7ヵ所にコントロールする

一定のテンポでラリーし、基本の7ヵ所にコントロールする――これはテニスの基本中の基本のテクニックです。この練習によって読者のみなさんもプロと同じようにできるようになり、テニスが楽しくなります。

ラリーで狙う場所は基本的に7ヵ所であり、これは多くの方がご存じだと思います。すなわち、深い両コーナー❶❷とミドル（センター）❸、両アングルコーナー❹❺、両サイドのドロップショット❻❼で、このすべてに配球できれば相手を動かすことができます。ミスなく、かつ、打点を落とすことなく常に一定のバウンドでとらえた上で、この7ヵ所に配球できればベストです。

プロでも読者のみなさんでも、同じレベルの者同士での対戦では、「一定のバウンドでテンポよくラリーを行う」ことを、より早いバウンド＝いわゆるライジングのタイミングでもできるどうかが対戦相手との差を生み出します。また、7ヵ所のいずれかにボールをうまくコントロールできないところがあれば、それも戦術を遂行する上で差になってくることは容易に理解していただけると思います。

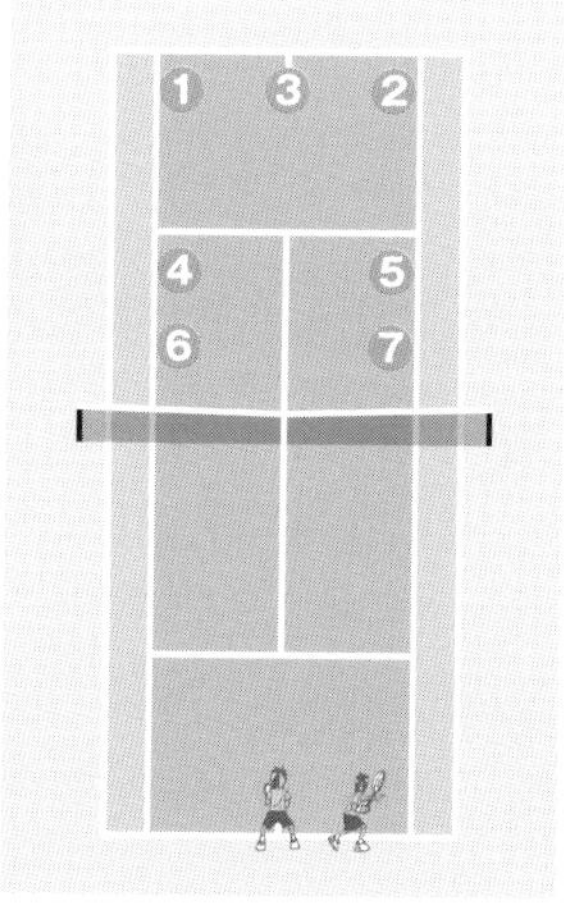

一定のバウンド、違ったバウンドでの対応能力

このテクニックにおいて、手のセンサーに必要な能力は、バウンドしてくるボールを正しい打点でとらえること、そして、あたかもハスラー（ビリヤードのプレーヤー）がボールとボールを接触させてうまくコントロールするように、最適なボールの位置にラケットをコントロールすることです。

また、試合となったら必ずしもいつも同じバウンドでボールが打てるわけではありません。ある一定のバウンドではテクニック的にうまくいっていても、ちょっとしたバウンドの違いでラケットを出すタイミングが異なるため、うまくいかないことがあります。

例えば、ボールスピードが変わる、サーフェスの違いでバウンドが変わる、ボールのメーカーが普段と違う、ボールの回転がこの日の相手は違うというように、あなたが受けるボールは絶えず変化しているものと考えるべきです。その変化に対応できるようにテクニックを磨く必要があるのです。したがって、ここで大切なフィードフォワードの能力は、一定のバウンドでリズムよく打つ能力、そして違ったバウンドでの対応能力、この2点になります。

バウンドが一定でなくなる要因

- ボールスピードの変化
- サーフェスの違い
- ボールのメーカーの違い
- 相手のボールの回転のかけ方

ボールは絶えず変化している

手のセンサーから「遅れた」という「フィードバック」と、どう修正するかという「フィードフォワード」

あなたがボールの高低差によってラケットの角度を微調整し、リストを重量上げの選手のように上手に保つことができているのであれば、インパクトに正しくラケットをもっていけるはずです。ならば今度は一定のバウンドでとらえることに集中しましょう。

一定のバウンドでラケットをタイミングよく出していくには、次のような「フィードフォワード」が必要です。センサーから「遅れた」と「フィードバック」をもらったあなたは、次はボールに間に合うように、どこかの手順を早めなくてはなりません。なぜなら、あなたは最初、正しいタイミングでラケットをインパクトに出していったはずなのに、結果的にタイミングが遅かったわけですから、事前動作をどこかで修正しなくてはなりません。

もちろんフットワークも大切な事前動作ですが、話を整理する意味で、ここではあまり動かなくてよい状況下での話とします。動きが少なければ、あなたはラケットワークだけに集中できるのです。最初の事前動作は、フォアハンドにくるとわかればフォアハンド側、バックハンドとわかればバックハンド側にカラダをひ

もしも手のセンサーから「遅れた」とフィードバックをもらったら、次は間に合うようにどこかの手順を早めなければいけない

ラケットワークに集中する上で、コーチが選手の前に立って位置を示す方法もある

ねり、ネットに対してカラダを90度の角度にもっていくことです。私はこのことを選手にアドバイスする際には、「ローテーションファースト」という言葉を使います。

ローテーションファースト、ボールと同調させてラケットを引く

第一にローテーションを行います（ローテーションファースト写真参照）。ラケットを持った手の位置を見てほしいのですが、まだカラダの前にあり、決して手から先に引いていません。相手がボールを打って、最初にわかることは方向（左右いずれか）なので、まずはその方向に適切にカラダをひねります。

そのあと、相手が打ったボールがネットを越える前にラケットを引き始めます。そして、相手のボールの軌道に合わせて、ラケットを持つ手が引かれていくのです（連続写真参照）。ボールが遅ければ遅く、速ければ速く。練習では、ボールのスピードとシンクロさせるように努力してください。

相手が打ち出したボールは、一度上に上がり、重力で落ち始め、バウンドして、あなたの理想的な打点に近づいてきますから、このボールの動きに事前動作をシンクロさせてフィードフォワードしてみましょう。

ローテーションファースト（ネットに対してカラダを90度の角度にする）。手の位置はカラダの前にあり、決して手から引いていない

手の位置は終始カラダの前にあり、カラダの後ろにない点もチェック

相手のボール軌道、スピードとシンクロさせてラケットを持つ手を引く

Section 3

手のセンサーを磨く

まずローテーション、そしてボールと同調させてラケットを引く

ボールの動きとラケットをシンクロさせよう

　ラケットを持たずに行うか、短く持って行います。あなたはネットのほうを向いてサービスライン上に立ち、練習相手にネットの手前から下手投げで簡単なボールを出してもらいます。ボールの軌道は、あなたの背丈を超えるくらいの高さです。手投げのボールでゆっくりくるので、あなたはローテーションとテークバックのリズムをしっかりとることができます。振り遅れる心配もありません。

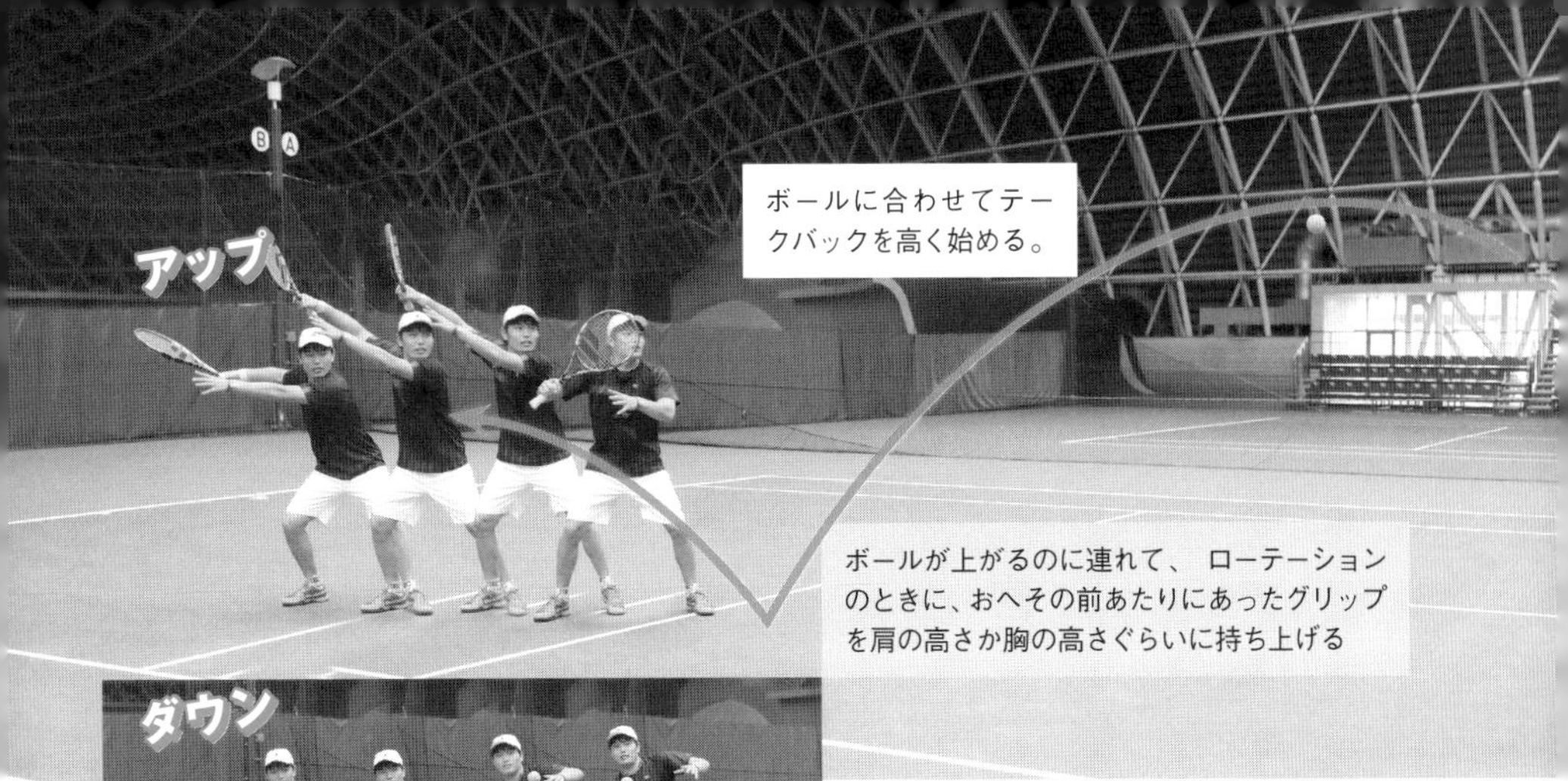

アップ

ボールに合わせてテークバックを高く始める。

ボールが上がるのに連れて、 ローテーションのときに、おへその前あたりにあったグリップを肩の高さか胸の高さぐらいに持ち上げる

ダウン

ボールが落ち始めたら、 ラケットも重力を利用してゆっくり下げる

同時に沈み込むつもりで膝や腰に力をためるように心がける

ドリル 2 「アップ、ダウン、アップ」と声に出してリズムをつかむ

ドリル１ができるようになったら、 ラケットを持ってやってみて、 それもうまくできるようになったら、 ボール出しやラリーでタイミングをつかみます。

アメリカでは「アップ、ダウン、アップ」と言って、タイミングをつかみます。ボールの上がる軌道が「アップ」、重力や回転で落ち始めたら「ダウン」、 バウンドして上がり始めたら「アップ」 と心の中で声を出すか、実際に声を出して行ってもいいでしょう。

テークバックからフォワードスイングまでの一連の動作は、どこかで止めないのが賢明です。止まったものを動かすには余分な力が必要になります。また、ラケットの位置をいったん高くするより、 最初から打点より低い位置に用意したほうが簡単だと思っているあなたは、 ラリーでさまざまなボールがきたときに対応しにくいことに気づくでしょう。高低差（重力）を利用できれば小さな力でボールを飛ばすことができるのです。

ドリル 3 最初から打点にラケットをセットしてジャストミート

ドリル1、2を行っても振り遅れてしまうあなたに、とっておきのドリルです。ドリル1の要領で行いますが、最初から打点にラケットをセットします。あなたはサービスラインより若干下がって待ち、練習仲間に少し強いボールを投げてもらってこれを打ち返します。ラケットは最初から打点にあるわけですから、振り遅れはありません。

STEP 1　最初の10球は返球する必要はありません。ボールがラケットから30cmくらい前方に落ちるように、力を抜いてミートしましょう。

STEP 2　次はゆっくりしたボールで練習相手に返してみます。意外に小さな力でできることに気づくでしょう。

STEP 3　ここまでできるようになったら、テークバックを行った上で、ボールに触るようにして相手に軽く返球してみてください。

STEP 1は、ボールがラケットから30cmくらい前方に落ちるように、力を抜いてミート

ドリル 4 次のステップはテークバックから始めてラケット面でボールに触れる

このドリルから普通の球出しにします。

STEP 1 相手のラケットから打ち出されたボールは勢いがありますから、まずはほんの１mくらい飛ばすつもりで、軽くボールに触れてください。

STEP 2 うまくできたら、今度はテークバックから行います。１球目は触れるだけです。２球目からはネットを越えるように打ってください。5球ほど打ったら、次の１球は触れるだけ、これを何度か繰り返します。ラケットに力を入れるタイミングが変化し、振り遅れないようになっていきます。

ドリル 5 振り遅れを直すには目印を使って タイミングをつかめ！

振り遅れを直すための、とっておきのドリルです。 例えば、普通のボールは振り遅れないのに、ちょっと深かったり早かったりすると振り遅れるとしましょう。そういうあなたのスイングのメカニズムは、普通のボールを返球するためにできあがっていて、タイミングの調整ができないだけです。

速いボールや深いボールを返球したり、ライジングでボールをとらえるには、フィードフォワードが若干早めになります。練習仲間に球出ししてもらいますが、その際、ボールが弾む地点より50cmくらい前（ボールのスピードによります）に、目印のコーンやボール缶を置きます（写真参照／ボールを見ながらでもはっきり見える位置に置いてください）。

相手のボールが目印を通過したときは、ちょうどフォワードスイングが始まる段階で、ラケットは打点より若干低い位置にきていなければなりません。ボールを見ていると同時に目印も見えるので、ボールが目印を通過するところでフォワードスイングに入る位置にラケットをもっていきます。このことだけに集中してください。なお、体重を移動したり、後ろ足で蹴り出すタイミングは非常に大切です。手が先に動き出すのではなく、カラダが先に動き出すことで手に力が伝わるので、カラダを使うタイミングも同時に覚えてください。

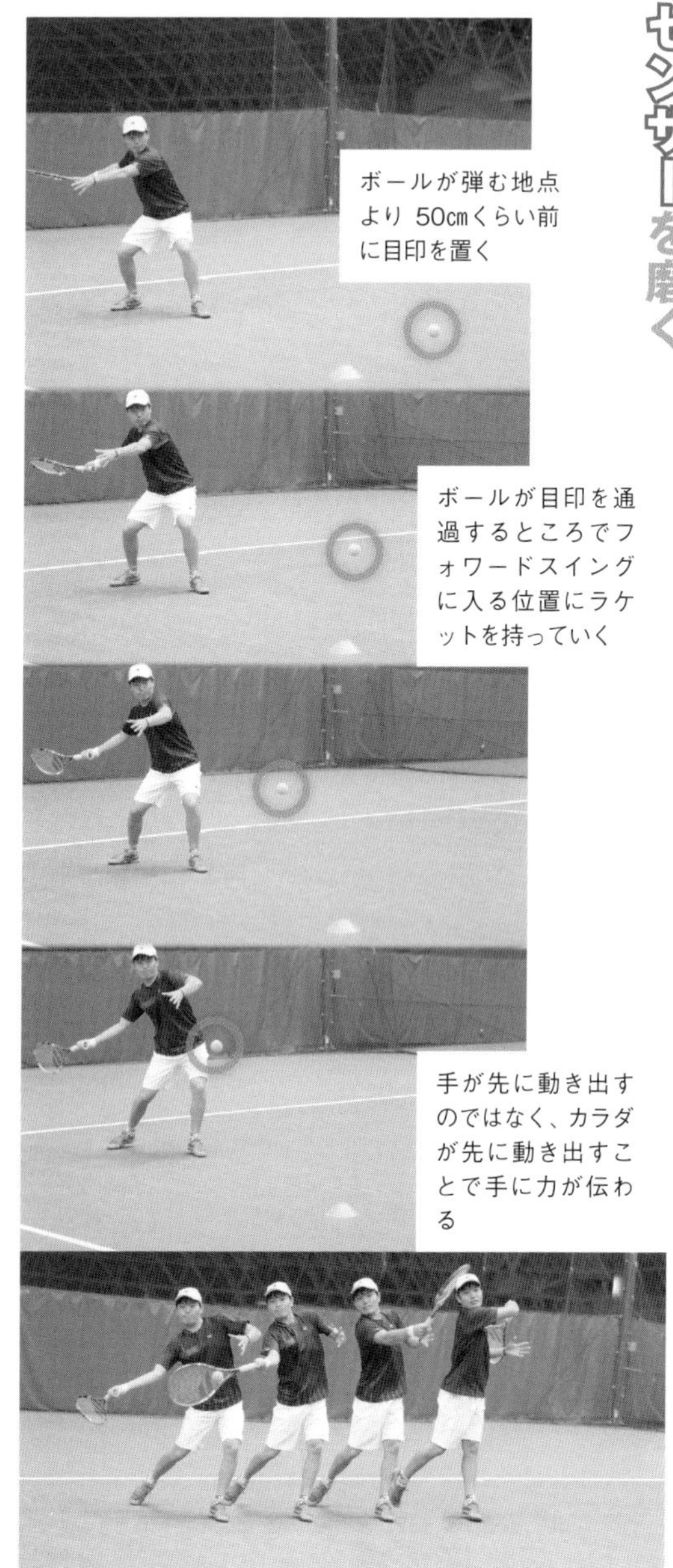

ボールが弾む地点より 50cmくらい前に目印を置く

ボールが目印を通過するところでフォワードスイングに入る位置にラケットを持っていく

手が先に動き出すのではなく、カラダが先に動き出すことで手に力が伝わる

Chapter 5

テクニック

Section 1

ボールスピードを上げる、加速させるチカラ

左手のサポートも使ってカラダをひねり込む

ボールスピードを上げるには、まず、タイミングよくボールにラケットを当てること、そしてカラダをうまく使ってラケットにスピードを乗せられるかにかかっています。足から腰、腰から肩、肩から腕、腕から手、そして手からラケットへと、うまく力を伝え、最適なタイミングでボールにラケットを当てることができて初めて大きなパワーが発揮されます。すなわち「全身で打ったボール」が生まれます。

球技経験のない女性がボールを投げるフォームと大リーガー投手のフォームを見れば、違いは歴然としています（写真）。投手もそうですが、打者を見てももちろんカラダをひねり込んでいます。

テニスではどのくらいカラダをひねり込んでいるかというと、写真を見てください。数十年前の世界王者、ビヨン・ボルグと現役プロの錦織圭選手を比較すると、ひねりの大きさの違いがわかります。いずれもカラダをひねって構えたところですが、ボルグは、ボールが打点に近づくかなり前から左手（ラケットを握ってい

ひねりが深い

大リーガーの大谷翔平選手の投球フォームはカラダをしっかりひねり込んでいる

女性に多い投球フォーム（大リーグ始球式より）

錦織圭選手のフォアハンド
左手が右手のラケットを支える形で、打球方向と逆の後方へ引かれている

ビヨン・ボルグのフォアハンド
写真は1979年のもの。ボールが打点に近づく以前から左手がかなり前に出されている

ないほうの手）が前に出されています。一方、錦織選手は、左手で右手のラケットを支えるような形で、左手はネットと平行か、むしろ後ろ（打球方向と逆）に引かれています。この左手のサポートにより、カラダとラケットを持っている手がリラックスし、カラダと一体になったテークバックのスタートを可能にしています。

「ローテーション・ファースト」はひねりを確実に行うための動作

打球時にカラダが生み出す回転運動は、「カラダのひねり」など全部で3つ存在します。

1つ目は、いま説明している頭を中心にカラダを左右（水平方向）に回転させること、つまり、ひねりとひねり戻しの動作です。

2つ目は、肩が生み出す回転運動です。3つ目は、腕が回転する内旋・外旋、回内・回外を利用した回転運動です。

まず、左右へのひねり、ひねり戻し動作を説明します。この動作は、初心者のうちはあまり指導されませんが、少し腕を上げたら積極的に活用すべきです。前述した「ローテーション・ファースト」には、この動作を確実に行う意図があります。

カラダのひねりには股関節と胸郭、肩甲骨が大きく関わっています。通常は後ろ足（右利きのフォアハンドなら右足）のつま先はあなたが移動した方向を向き、足自体はネットに平行か、若干つま先がネット方向に向いているのが普通です。ただし、股関節が硬い人は、つま先の方向を後ろのフェンスの方向に向けないとカラダを十分にひねることができません。例えば座った状態で後ろの物を取るときは、上体（胸郭）が柔らかくないとできません。クルマの運転でバックするときに、座り直す必要のある人は胸郭、肩甲骨が硬いのです。

すべてのチカラの源は地面を蹴るチカラの反力（上向きの力）

全身で打ったボール、というところに話を戻しましょう。チカラを生み出し、加速につなげるには、まずは足がしっかり地面をとらえていることが大切です。なぜなら、すべてのチカラの源は、踏ん張って地面を蹴るチカラの反力（反対方向＝上向きの力）だからです。

足で踏ん張って地面を蹴るチカラに、さらにカラダ全体のひねりを加えます。ちょうどフィギュアスケートの選手が高いジャンプの前にチカラを蓄えているような状態です（写真）。蓄えたチカラをタイミングよく下半身から上半身に伝えていくと、最後の手の部分、ラケットが加速するところにチカラが集まります。この仕組みがすなわち「加速の原理」です。

また、足から生み出したチカラは、大きく分けて体重移動と回転運動の2つによって増幅されます。グラウンドストロークでは、スクエアスタンスから生み出される体重移動と回転運動、そしてオープンスタンスで生み出される回転運動によって、足から生み出した反力を加速につなげていくのです。

フィギュアスケートでは、高くジャンプする前に足で地面をしっかりとらえ、チカラを蓄える

チカラの伝達のキモは、最後のバトンタッチのタイミング

足の蹴り＋反力を源に、チカラは体重移動＋回転運動によって上体に伝わります。そのチカラを最後に受け取るのが、肩から先の腕であり、手であり、ラケットです。うまく足のチカラを体重移動や回転運動につなげても、最後のバトンタッチがうまくいかなければ、増幅どころかチカラがまるでボールに伝わらない状態になってしまいます。

そこで、すでに触れて（練習して）いる「テンポよくラリーし、ボールをコントロールするためのタイミングのチカラ」、すなわちタイミングの問題がここでも重要です。

足から上体に伝わったチカラが腕へと移動した段階では、重力を利用したリラックスしたスイング、ボールの動きと事前動作とのシンクロ、そして、正しいタイミングでインパクトに向かうことがもっとも重要です。

体重移動と回転運動

ダウン・アップ
足で地面を蹴るチカラの反力（反対方向＝上向きのチカラ）、足から膝→腰→上体へとつながる

ダウン・フォワード　足から前方へ→打球方向へ

チカラが伝達され、加速していく仕組み（より詳しく）

チカラの伝わり方をもう少し細かく説明しておきましょう。地面を蹴るチカラから生じる反力は「ダウン・アップ」で、足から膝→腰→上体へとつながります。また、「ダウン・フォーワード」で、足→前方へ、打球方向へと向かいます。また、カラダの中心から働く遠心力により「ダウン・アウト」、すなわち外へ外へとチカラが伝わっていきます。

なお、ダウン・アウトの力の発生を加速につなげるには、ラケットを持った腕を最後にカラダに巻きつける動作はしばし忘れたほうがいいでしょう。遠心力により腕が外へとられると振り遅れる原因となりますが、このチカラをうまく利用すれば、より長いスイング、チカラをボールに伝えるスイングが可能になります。

巻きつける動作は本来、減速していく動作で、速く振っていない選手や初心者には起こりにくいカラダの動きです。ミニラリーやゆっくりボールを打ち出す場合、無理に腕を巻きつける必要はありません。インパクトしてからだいぶ時間が経ち、ボールが離れてから思い出したように腕を巻きつける初心者の方を見かけますが、ゆっくり打つ場合には必ずしもフォロースルーはカラダに巻きつけないことを覚えておいてください。

2つの肩の動作について

肩を視点にした振り子動作

ボールの動きとシンクロさせて立てて引いたラケットを、重力を利用してブランコがスイングするように、ラケットをスイングする。すなわち振り子動作

ダウン・アウト　遠心力により外へチカラが伝わっていく

ダウン・フォワード　足→前方へ、打球方向へと向かう

ダウン・アップ　カラダ全体のひねりのあと、足で地面を蹴るチカラの反力（上向きの力）が、足から膝→腰→上体へとつながる

2つの肩の動作

「肩を支点にした振り子動作」と「地面と平行または上から下への動作」

「タイミングのチカラ」を解説した際に触れなかった話です。肩の構造について考えてみましょう。肩は、肘や膝の構造と異なり、股関節と同様にあらゆる角度に動かせる関節です。自由に動くという特徴を、ボールをとらえる際に有利に使うことができますが、反面、動きが定まらないため、動作が複雑になりがちです。そこで、便宜上、肩の動作を2つに分けて考えてみます。

ひとつは「振り子動作」です。腕は肩関節からぶら下がるようについているため、ブランコが支柱からぶら下がったように、振り子状に動くことはおわかりだと思います。歩くとき、走るとき、この振り子をうまく利用しているのと同様に、打つときに利用しない手はありません。

ボールの動きとシンクロさせて立てて引いたラケットを、重力を利用して、あたかもブランコがスイングし始めるようにラケットスイングを開始します。ラケットがもっとも加速していくところでは、あなたはラケットの重みは感じていないはずです。この「加速点」を感覚的につかみ、そこに向けて手に力を加えていきます。

腕全体としては、肩を中心に半円を描くような形で動きます。この半円が下りから上りに入るところでボールとラケットを接触させることができれば、ボールは自然に正しい軌道を描き、相手コートに返球されるでしょう。

もうひとつが、振り子動作とは別種の肩の動きが、地面と平行の動作、もしくは上から下への動作です。振り子動作は合理的ですが、残念ながらそれだけでは解決できない打点があります。ちょうど肩くらいの高さから、それより高い打点の場合です。肩の構造上、この高さのボールだけは振り子動作では対処できません。そのため、ラケットを持った腕を肩ごと、これからボールを打とうとする高さにもっていく必要があります。

必然的に、若干、脇を開ける形になります。打点の高さのままラケットを振り抜くように心がけるか、フォワードスイングが若干、下へ向かったとしても問題はないでしょう。それが物理的に、すなわち構造上、もっとも自然なカラダの使い方だからです。

地面と平行または上から下への動作

高いボールの場合、ラケットを持った腕を腕ごと、打ちたい高さにもっていき、打点の高さのまま振り抜くか、若干上から下へ振り抜くのが自然

ボールスピードを極限まで上げる

打点周辺の動作にヒントがある

ここからは、プロレベルのスイング速度にチャレンジしてみたい、という方々に向けてのヒントです。多くのコーチは、ラケットがもっとも加速していく打点周辺の動作については、アドバイスはしないようにしています。なぜなら、これは打球動作の中でもっとも速く行われている行為であり、速すぎて、ここで何らかの修正を加えるのは不可能だからです。

例えばプロ野球選手が、案外簡単に空振りしてしまうのを見ればわかるように、スイングというのは、一度スタートしてしまったら、それが速ければ速いほど、容易に修正できないのです。

ラケットが加速していく
打点周辺にヒントあり

ゴルフのティーショット
（松山英樹選手）

テニスのフォアハンド
（デニス・シャポバロフ）

しかし、実はその〝ご法度〟の部分にヒントが隠されています。それを探ってみましょう。

テニスは「アウト」を防ぐため、カラダの使い方を制限している

野球のバッティングと、ゴルフのティーショットをご覧ください（写真）。みなさんがテニスで最初に習った基本とは少し異なる点が見つかるでしょう。野球のバッティングでもゴルフのティーショットでも、カラダは最大にひねられています。これはテニスの初心者と大きく異なる点です。

そもそも私たちのテニスでは、「アウト」は失点につながるため、野球やゴルフほどスイングがダイナミックではないのでしょう。テニスコートの縦の長さは23・77m、中間におよそ1mの高さのネットが存在します。このことから、直線的な軌道のフラットボールを打ってコートに入れようと思えば、ボールスピードはおのずと決まってきます。過去何十年間そうであったように、また、これからの何十年後も、ボールスピードには一定の限界が存在します。

しかし、現在のトッププレーヤーの打ち出すボールの初速は、以前に比べ明らかに速くなっています。これはなぜでしょうか。もちろん、ボールにより多くのトップスピンをかけているからです。つまり、トップスピンこそ、ボールスピードを上げるためのツールであるという言い方もできるでしょう。

ラファエル・ナダルのトップスピンは、1分間に4000回転以上の回転量があります。これほどすさまじい量のスピンをかければ、最大で時速150㎞までボールスピードを上げることが可能になると言われています。すなわち、フラットより50％ものスピードアップが可能だというのです。

テニスコートのサイズは決まっているため、当然そこにおさまるボールスピードにも限界がある

野球の打撃フォーム（大谷翔平選手）

テークバック時にラケットヘッドはフェンスを向くのか、打球方向を向くのか

ラファエル・ナダルやロジャー・フェデラーなど、世界のトップ選手のスイングは、以前の選手たちより明らかにダイナミックになっていて、プロ野球選手やプロゴルファーと比較してもカラダのひねりの部分においては、まったく差はありません（前ページの各スポーツ用具の部分を隠して見るとわかりやすいです）。

そして、それらのスイングには、野球のバッターやゴルファーと共通し、なおかつテニスの初心者と決定的に違うところが見られます。それは、テークバック時のラケットヘッドと、バットやクラブのヘッドの位置です。野球やゴルフでは、テークバックでバットヘッドやクラブヘッドが打球方向を向くことはごく当たり前に行われています。しかし、テニスプレーヤーのみなさんは初心者のときに、そう教わったでしょうか。

おそらく、「ラケットヘッドが後方のフェンスのほうを向くように」などと、ラケットの先端部分をボールから遠い位置にもっていく、と教わったケースが多いのではないでしょうか。そのほうがラケットフェースの位置が安定し、ミートしやすいからです。ところが、テニスのトップ選手たちを見ると、ラケットヘッドはどちらかといえば打球方向を向き、グリップ部分は遠くへ引かれていることがわかります。

テークバック時のラケットヘッドに注目。野球のバットやゴルフクラブのヘッドのように、打球方向を向き、グリップ部分が遠くへ引かれている

前腕のしなやかな動きがラケットスピードを加速させる

テニスのトップ選手のテークバックにはそれぞれ個性があり、ある程度フォームが定型化しているプロ野球選手やプロゴルファーとは少し違いますが、ラケットヘッドは大なり小なり、（野球やゴルフのように）打球方向を向いています。これは以前のテニス選手と、あるいはみなさんが最初に教わる基本とは大きく異なる点です。

そうすることで前腕のしなやかな動きを取り入れ、さらにラケットスピードを加速させています。カラダが生み出したエネルギーを最後に腕で受け取り、さらに増幅してボールに伝えることで最大加速を生み出しているのです。

多くのトップ選手は、下手をするとミスをしてしまうことも覚悟しながら、最大加速を生み出そうとしています。打点周辺は動作がもっとも速くなる部分で、教えるのが〝ご法度〟の難しい部分ではありますが、レベルを上げるためには、このことを理解した上でチャレンジする精神が求められるでしょう。

それでは、次に〝難問〟である最大加速を生み出すためのドリルに進みます。しばらく試合のない方はチャレンジしてみてください。

ラケットヘッドが打球方向を向き（フェンスを向いていない）、このあとカラダのひねりを戻すとラケットが加速する

ラケットを加速させ、ボールにチカラを乗せる

5つの基本テクニックを意識しながら、「タイミングのチカラ」を習得する

「ラケットの加速」はテニスでもっとも難しいテクニックの一つです。これをもう少し掘り下げていくことにします。ラケットを速く振ることは、みなさんにとって習得の上で最大のテーマでもあるでしょう。昨今のラケットは50年前と比べれば反発力にすぐれ、しかも、おおむね100gも軽くなっているため、現在のテニスプレーヤーのほうが明らかにラケットを速く振れるようになりました。とはいえ、速く振るための「加速スイング」を手に入れるには、次の「5つの基本テクニック」を身につける必要があります。

5つの基本テクニック
❶テンポよくラリーし、ボールをコントロールするための**タイミングのチカラ**
❷ボールスピードを上げる、すなわち**加速させるチカラ**
❸❷と逆にスピードを抑えるなどの**減速させるチカラ**(力の抑制と制御)
❹相手のスピードを利用する、あるいは**ブロックするチカラ**
❺相手のスピードを利用し、しかも、もっとスピードを上げるために**加速とブロックを利用するチカラ**

❶の「タイミングのチカラ」は、5つのテクニックの中でもっとも基礎的な能力であり、ほかの4つのテクニックもその中に含む、基本中の基本と考えていいいでしょう。

なお、これらはあくまでも便宜上、ストローク能力を5つに分けたものであり、例えば❺は、❷の「加速の原理」と❹の「ブロックするチカラ」が理解・習得できていれば、改めて練習する必要もありません。また、❶の「タイミングのチカラ」は、これ自体は突出したテクニックではありませんが、すでに書いたように❷〜❺のテクニックを含む総合的なものであり、みなさんは❶を習得することで❶〜❺のすべてのテクニックを自然に習得することになります。

ただし、「タイミングのチカラ」は、❷〜❺のテクニックをも含む基礎的な能力であるにもかかわらず、十分に開発できていない方もたくさん見られます。「いつものストロークでは速いボールに対応できない」「力んでしまい、コートにおさまらない」「遅いボールがくるとボールのペースが生み出せない」などと悩んでおられる方もいるでしょう。

そこで、わりあい簡単なものから難しいものまで、いくつかドリルに取り組みましょう。必要に応じて❷〜❺のテクニックを意識しながら行うことがひとつのポイントです。そうすることでみなさんの「タイミングのチカラ」の幅が広がり、対応力が増すでしょう。

ボールにチカラを乗せるプロセス

ラケットを加速させるためには、前腕のしなやかな動き、リラックスした状態がもっとも大切で、それをいかにつくり出すかがポイントとなります。ウエイトトレーニングをしている男性のように腕っぷしでボールを打っても、ある程度のスピードは出せますが、結局のところ最大加速にはつながりません。そうなると、「5つの基本テクニック」のうち、リラックスにつながる❸のテクニック「スピードを抑えるチカラ（力の抑制と制御）」が必要となります。

また、手出しのボールで練習したことがあるあなたは、自分だけのチカラでボールにスピードを与えるのがいかに困難かというのを知っているはずです。したがって、❹の「相手のスピードを利用する、ブロックするチカラ」を利用すべきだということも、すでにおわかりだと思います。

これらを含め、ラケットを加速させ、ボールに力を乗せるプロセス(上記)を示します。なお、チカラをうまく伝達してボールにスピードを与えるには、このプロセスを下から順にやっていくことになります。ただし、学習の過程では、上から順に、すなわち、「打点でのカラダの向きやラケットの向き」から順に学習し、最大のスピードをボールに乗せることができるように積み上げていくのがよいでしょう。

ボールにチカラを乗せるプロセスを上から順に、あるいは下から順にやっていく

- ✓ **正しい打点でのラケットワークと、打点とカラダの正しい関係**
- ✓ **減速するチカラ＝力の抑制と制御（5つの基本テクニックの❸）**
- ✓ **相手のスピードをブロックするチカラ（5つの基本テクニックの❹）**
- ✓ **重力を利用して、リラックスしてうまくチカラを集約する**
- ✓ **ハンドスピード**
- ✓ **運動連鎖1──ひねり込み、チカラをため込む**
- ✓ **運動連鎖2──回転運動と体重移動**
- ✓ **動きの中での安定した上体と下半身**
- ✓ **フットワーク**

正しい打点でのラケットワークと、打点とカラダの正しい関係

練習を始める前に確認
トップスピンを正しくマスターする

ここから行う練習で前提となるのが、トップスピンのマスターです。「速いボールが打てればよいので、回転は関係ない」という考えをお持ちなら、すぐに捨ててください。ラケットを上手にコントロールすることから始め、スピンをコントロールしながら、ドリルから得たヒントを加えて習得していってください。

テニスの試合では、ボールの質の異なるプレーヤーと対戦したり、異なるコートサーフェスやボールでプレーし、ときには強く風が吹く中でプレーしなくてはなりません。その中で何とか自分のグラウンドストロークを立て直すには、ときには強く打つのを止めてボールコントロールに重きを置かなくてはなりません。

また、どんなに強くなってもパワーと正確性を同時に達成することは至難の業です。ボールスピードを上げるとボールは必ずばらつきます。コントロールを重視して正確に当てようとすれば、ボールに威力がなくなります。この2つに最適のバランスをもたせることこそが、本来の練習とも言えるでしょう。

ドリル 1 ラケットを打点にセット

ボールを当てるラケットの角度やラケットの向きを復習しておきましょう。あなたから２mほど離れた位置にいる練習相手に、下投げでワンバウンドのボールを出してもらいます。あなたは最初から打点の位置にラケットをセットしますが、このドリルではトップスピンをかけたいので、 実際にボールが当たる位置より少しヘッドを下げるようにしましょう。相手が投げたゆっくりしたボールを、 少しトップスピンをかけて、その人に返します。

ラケットを打点にセット

ボールが当たる位置より少しラケットヘッドを下げて、少しトップスピンをかける

ドリル 2 スクエアスタンスで上体をネットに向ける

少し条件を増やしましょう。カラダの向きをすべて決めておきます。スタンスはスクエアスタンス。そのときに（あなたが右利きなら）左足のつま先をネットの方向、左の膝もネットの方向に向けます。両腰を結んだ線はネットに平行、両肩も同じです。

右腕はネット方向へ軽く伸ばした状態で、ラケット面は垂直にしてネットのほうに向けます。もちろん頭もネット方向を向いています。これはインパクト時のあなたのカラダの向きを示しています。この状態でほんの少しだけラケットでボールをこすり、スピンをかけましょう。ラケットだけを動かし、手首の位置はほとんど動かないようにします。強いボールを打つのではなく、練習相手がキャッチできるような、やわらかいボールで返します。

フォロースルーからフィニッシュは、ネットの方向へ腕を伸ばしていく形になるでしょう。スピンがかかっているか必ず確認すること。回数は10球ほどで十分です。うまくできた方は、少しフォワードスイングをつけて行ってみてください。

スクエアスタンスで、両腰を結んだ線はネットに平行、両肩も同じ、右腕はネット方向へ軽く伸ばした状態でスタートする

ドリル2のあとは、カラダがインパクト時の向きを覚えているはず。レディポジションから、すぐにラケットをインパクトの位置へ

ラケットでスピンをかける最後の部分の感覚

ラケットでスピンをかける最後の部分の感覚はつかめたでしょうか。もちろん、トップスピンをかけるには最後の手の部分だけでは十分でなく、もっとラケットを下から上にしっかり振り上げるために、下半身や腕をもっと下から出すことも今後は覚えなくてはなりませんが、ひとまず回転をかける方法は理解できたと思います。

ドリル 3 レディポジションから行う

ドリル２と同じ内容ですが、今度は構えの姿勢から行います。テークバックについてはあまり気にせず、レディポジションからインパクトの姿勢にもっていってください。練習相手はすぐ近くにいるので、あまり時間はありません。すぐ引いて、ステップインして、インパクト時のカラダの向きをつくり、ラケットをインパクトの位置に早くもっていきます。

この場合も、トップスピンがかかっているか必ず確かめてください。

なお、そのままミニラリーやラリーに移行していっても構いません。ただし、一連のドリルの意図を最後まで理解して行うことをおすすめします。もちろん、ラリーに移行せず独立したドリルとして行えば、カラダがインパクト時の向きを常に覚えているので十分な効果が得られます。

Chapter 5 テクニック

Section 5

減速するチカラ＝力の抑制と制御

「チカラを逃す」感覚で反発力を低下させる

ドリル1から3で、トップスピンをかける感覚は理解できたでしょうか。今度は実際にどのくらいの力加減で打つのかを少しずつ理解してきましょう。すなわち「ラケットを加速させ、ボールに力を乗せるプロセス」から、「減速する」ための要素を学び、これと並行して「ブロックするチカラ」「重力を利用して、リラックスしてうまくチカラを集約する」ことについても学習します。

最初に「減速するチカラ」を学んでいきましょう。鋭い方はもうおわかりかもしれませんね。ドリル4の「手押し相撲」では、相手が押すチカラを避けるために完

ドリル4 手押し相撲で相手の力をかわしてみよう

まずは練習仲間の強い押しを受け止め、さらにギリギリでかわしてみましょう。とにかくまず、手押し相撲をやってみてください。肩や肘、手首をショック・アブソーバーにして、衝突を緩和する感覚がなんとなく理解できると思います。高いところから飛び降りるときは股関節や膝関節、足首をうまく利用してソフトランディングしますが、その感覚にも似ています。

スクエアスタンス

オープンスタンス

仲間の強い押しを受け止め、さらにギリギリでかわして衝突を緩和する

全に空振りさせる方法と、「のれんに腕押し」という慣用句のように、手と手が当たってもまったく手ごたえがないように相手のチカラを逃がしてしまう方法があります。後者の場合、肉眼で互いの手が見えているので相手は強いチカラで押してきますが、うまくチカラを逃がしてやれば、こちらの手に触れているのに手ごたえがなく、相手は完全に「のれんに腕押し」状態となり、バランスを崩してしまうことさえあります。これが、武道などで言うところの「すかす」あるいは「いなす」感覚です。手押し相撲なら、コツをつかめば相手がどんなスピードのボールを打ってきても（強いチカラで押してきても）、あなたはそのチカラを避けることができることでしょう。

これをテニスに応用しないわけにはいきません。手押し相撲の要領で、ギリギリのタイミングでチカラを抜くだけです。そうして、ボールのスピード、すなわちラケットと接触するときの反発力を低下させるのです。

ドリル 5 インパクト時に当たりをゆるめる

肩や肘などをショック・アブソーバーにする感覚がわかったでしょうか。今度は練習相手にネット越しにボールを出してもらい、実際にラケットでやってみましょう。まずは、サービスラインの少し後方くらいから、手出しでは十分なスピードがなくかえってチカラを逃がしづらいので、ラケットでボールを出してもらいます。

実際にテークバックしてフォワードスイングをするのですから、手押し相撲のように自分の手をカラダの後方まで引いてチカラを逃がすわけにはいきません。打点確認のために行ったドリル1、2のように、最初から打点にラケットを置いてもいいですし、テークバックからフォワードスイングを行ってもいいので、手押し相撲の要領でやってみましょう。インパクトの瞬間に「当たり」をゆるめるように努力してください。

最初はより極端に、自分の立っている場所のすぐ前にボールが落ちるくらい、当たりを柔らかくしてみましょう。せっかく練習してきたインパクト時のラケット面の形が不安定になるかもしれませんがかまいません。それができたら少し前に飛ばしてみましょう。

ドリル 6 ボールが長く面に乗っている感覚を味わう

今度はよりスピードの乗ったボールで練習します。ボールは速くても、うまくチカラを抜いて返球してみてください。おそらく、感覚的にボールがストリングスの上に「長く乗っている」ように感じると思います。最終的にはこの要領でミニラリーを行い、さらに、ここまでに練習してきたトップスピンも意識して行います。そのままベースラインでのラリーまで進めていってもかまいません。非常にリラックスしたスイングが身につくので、将来的にも、例えば緊張したときやうまくバウンドが合わない日などに、このドリルの方法を試すと感覚が戻ってくることでしょう。

相手のスピードをブロックするチカラ

ドリル 7 手押し相撲で相手のチカラをガチンコで受け止める

ここで行う手押し相撲は、お互いがガチンコのぶつかり合いをやってみましょう。まず、ギリギリで相手の押しをかわした感じを思い出し、同じようにリラックスした肩・腕の状態で構えます。力みは簡単に相手に伝わり、そうなると相手も安易に攻撃してこないでしょう。そこで、まずはリラックスして構え、その上で、相手が攻撃してきたら、押されないように瞬間的にしっかり構えます。 そうして相手のチカラをガチンコで受け止めましょう。手や肘、肩はどうでしょうか、しっかり固定されていますね？　手や肘、肩だけではなく、全身の関節を固定したような感じになったことでしょう。

お互いガチンコのぶつかり合い。まずはリラックスして構え、相手が攻撃してきたら、押されないように瞬間的にしっかり構える

ドリル 8 瞬間的に固めたラケット面にボールを当てる

ドリル７で覚えた感覚をすぐにテニスに応用してみましょう。手押し相撲とまるで同じオープンスタンスで構えてください。ラケットは打点近くに準備しておきます。練習相手の友人には強めのボールを、動かないで打てるところに出してもらいます。まずは、飛んできたボールに、瞬間的に固めたラケットを当ててください。スイングする必要はありません。友人から出されたボールはびっくりするくらい簡単に、しかも、友人の出したボールスピードを盗んで飛んでいったことでしょう。

ドリル 9 速いボールにラケットを合わせるテクニック

感じがつかめたら、レディポジションから始めて、ラケットを引いた上でボールをブロックしてみてください。これは相手の速いボールに対して、下がらずにラケットを合わせるときに有効なテクニックです。当然、速いファーストサービスに対しても有効です。

Chapter 5

テクニック

Section 7

重力を利用し、リラックスしてうまく力を集約するチカラ

重力を使ってラケットヘッドをゆっくり下ろす

重力スイングとは、テークバックを高く、グリップを肩か胸の高さくらいにもっていって、その高度差、つまり重力を利用してラケットヘッドをゆっくり下ろしていくスイングです。ブランコのようにスイングが始動し、スムーズにラケットヘッドが加速していきます。

「ボールの動きとラケットをシンクロさせる」（92ページ）、「肩を支点にした振り子動作」（102ページ）でも重力スイングを取り上げています。

ドリル 11 左手→右手→左手と、持ち替えながらヒット

私のアカデミーで指導するサムエル設楽コーチ考案のドリルです。ドリル10より少しバージョンアップします。ドリル10と同様に球出しで行うか、あるいはスローなラリーから始めてもいいでしょう。

利き手をラケットから放し、もう一方の手だけでテークバックします（❶）。そして、まさにフォワードスイングしようとするときに利き手に持ち替え、スイングをスタートします（❷）。ボールを打ち終わったらすぐに利き手をラケットから離し、逆の手に持ち替えてください（❸）。これはフォロースルーでもチカラを抜くことを学ぶドリルです。打点が遅いとうまくいかないので、結果的に打点が前になるドリルでもあります。

❶利き手をラケットから離して、非利き手で持ってテークバック。フォワードスイングをするぎりぎりまでこの体勢

❷ボールを打つ前に利き手に持ち替え、❸ボールを打ち終わったら非利き手にまた持ち替える

ドリル 10 もう一方の手を使って両肩をひねり込む

左手をしっかり使って
両肩をひねり込む

練習相手に2mほど前から下手投げで、肩の高さくらいの、山なりのボールを出してもらいます。あなたは左手（利き手ではないほうの手）でラケットを支え、ラケットフェースを手首より高くキープして構えます。ラケットを立てておくと重力を利用しやすいからです。

ボールが飛んできたら、できるだけラケットヘッドを立てたまま、両手を使ってカラダをひねり込むようにしてテークバックを行います。フォアハンドであれば左手がいっしょについていく形になって、自然に左肩が回り、両肩をひねった状態になります。こうしてラケットを右側にできるだけキープした上で、利き手だけで返球してみましょう。

バックハンドも同様に行います。両手打ちの方は普段通りでかまいませんが、片手打ちの方はフォアハンド同様に、ラケットヘッドを立てて、両手を使ってカラダをひねってみてください。この引き方なら、利き手をリラックスさせて引けることがわかるはずです。うまくできたら、ミニラリーや簡単なラリーに移行しましょう。

左手がいっしょについていく形でテークバックし（グリップ位置は肩か胸の高さくらい）、ぎりぎりまで保って高度差、つまり重力を利用する

重力を使用してラケットヘッドをゆっくり下ろしてスイングしていく

Chapter 5 テクニック

Section 8

ハンドスピード

スイングスピードを高めることでボールにパワーを乗せる

一連のプロセスの中では、カラダをひねり込み、回転運動と体重移動を行った上で必要になるのが、このハンドスピードです。あっという間に終わってしまう箇所であり、また、コーチも細かく教えない領域ですが、これまでに行ってきたドリルが生きる領域でもあります。これまでのドリルと同じように、リラックスした状態を保って行うといいでしょう。

ドリル12 ラケットを速く動かしてみよう

ネットのすぐ近くに立ち、ラケットを短く持ってください。短く持つ理由は、より速く振れるからです。ボールを自分でバウンドさせて、ネットの上部3分の1を目がけて打ちます。腕をうまく使い、できるだけ速くスイングしてください。うまくできたら、何本か連続で行います。前腕がリラックスしていないと連続で行うのは不可能です。これもできるようになったら、普通の長さにラケットを握り替えてやってみましょう。長く握るとラケットヘッドが戻ってきにくいため、やりづらさはありますが、次第に慣れてくるはずです。

ネット上部3分の1を目がけて打つ。跳ね返ったボールに対して続けて打っていくが、前腕をリラックスさせるのがコツ

ラケットを長く持って同様に行う

バックハンドも行う

ラケットを短く持ち、自分でボールをトスしてスタート

ドリル 13 ベースライン上でハーフバウンドでとらえる

今度はネットから離れて、ドリル12と同様にセルフフィード、つまり自分でボールを出して練習します。ベースライン上に立ち、腰ぐらいの高さに弾むようなボールを手で出します。それをハーフバウンドでとらえ、できるだけスピードの乗ったボールを相手コートに打ち出してください。ドリル12同様、最初はラケットを短く持って行うのもいいでしょう。

ドリル12のように「速さ」だけを目指すとボールの距離が出ないので、距離を出すためには、より前方へ振らなくてはなりません。ドリル12もそうですが、このドリルも自動学習の領域であり、実践あるのみ。自分で努力して要領を身につけることが大切です。

自分でトスしてハーフバウンドでとらえる

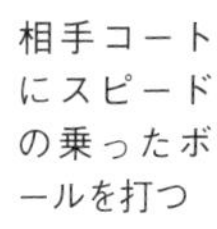

相手コートにスピードの乗ったボールを打つ

球出ししてもらいハーフバウンドでとらえる。相手コートにスピードの乗ったボールを打つ

ネットの向こうから球出ししてもらい、腕をより長く使ってリラックスしてスイング。その上でハンドスピードアップをプラスしていこう

ドリルで身につけたテクニックをいかに実戦に適用するか

ドリル2で練習したのは、低いボールを手だけで返すような場面、または、走らされたとき、ハーフバウンドを処理する場合などに応用できる、使い勝手のよいテクニックです。しかし、どうしても腕に頼る傾向が強くなり、またスイングが小さくなるので、ベースライン後方で高いバウンドのボールを打ったり、長いボールを打つには適していません。

そこで、このドリルを行ったあと、ベースラインの後方から、腕をより長く、つまりリーチを長く使い、リラックスしてスイングしてみましょう。その上でハンドスピードをプラスしていくと、このテクニックを通常のスイングに入れ込むことができるでしょう。

腕をより長く使ってリラックスしてスイング。その上でハンドスピードもプラスしていこう

ネットを挟んで球出し

「重りを使う」練習の効果は科学的に実証されている

野球でネクスト・バッターズ・サークルの打者が、重りをつけたバットをスイングしているのを見かけます。テニスでも、私たちの世代はスイング時の空気抵抗を増すためにラケットカバーを付けて素振りの練習をしたものです。

これらの練習は、科学によっても効果が証明されています。普段使っている用具と違う重さのものを振ることで、テクニックをつかさどる脳神経が刺激されることが明らかになっているのです。

負荷を重くするだけでなく、軽くする練習も有効です。例えば、坂道の下りを使ったダッシュや、水泳の練習で進行方向へひもなどを使ってカラダを引っ張り、通常以上のスピードを体験することも有効な練習であるとされています。そうした科学的な実証にもとづくトレーニングを紹介します。

ドリル 14 重りを付けたラケットで素振りをする

ラケットに付ける重りを用意し、これを付けた状態で5回、振ってみましょう。その後、重りを付けていないラケットでボールをハードヒットしてみてください。練習相手の友人には、サービスライン上で打てるようなボール、すなわち打ち損じのような甘いボールを5球出してもらいましょう。できるだけ肩から腰の高さのボールで、練習相手に下手投げで出してもらってもかまいません。これを3セット行います。

ドリル 15 バドミントンラケットや短いラケットで素振りをしたのち、普通に打つ

一般的なテニスラケットより相当軽いバドミントンのラケットを全力で振ってみましょう。より速く振るために、短いラケットを持ってもかまいません。ドリル14と同様、まず５回スイングしたのち自分のラケットに持ち替え、球出しで５球。これを３セット行ってください。

このドリル14、15も自動学習の領域です。あなたはいつもと違うラケットで「振り遅れ」や「振り急ぎ」を経験することでしょう。そうやって揺さぶられたテクニックをいかに感じ取り、自分でスイングを修正できるかにかかっています。

負荷を重くするだけでなく、軽くする練習も有効。短いラケットで素振りを5回行い(→)、その後、通常ラケットに持ち替えて(↑)、球出ししてもらい5球打つ

短いラケット（ジュニアラケット）を使用

重りを付けたラケットで素振りを5回

素振りが終わったら、通常のラケットに持ち替える

球出ししてもらい、肩から腰の高さで5球連続で打つ。違う重さのラケットを使うことでスイングの加速を引き出す

Chapter 5

テクニック

Section 9

ボレーの基本メカニズム

ここでは「自分で感じ取るチカラ」を大切に

ハンドスピードを上げる、すなわち「ラケットを加速させる」練習を進めてきました。この部分は高速で行う動作であり、何かの考えが入ってしまうとガタッとうまくいかなくなるため、実践第一の、自動的に学習される種類のものを紹介しました。

自動学習といっても、みなさんが自分で感じ取るチカラは必要で、自分で足りない部分を埋めていかなくてはなりません。速く振ることはミスをともないます。ミスをしないためには正しい面動作とリラックスしていることが欠かせない要素です。前述した「ボールに力を乗せるプロセス」の練習で、ラケットフェースをゆっくりコントロールしてまずは当てるところから始めたのもそのためです（111ページ）。

ここでも、「当てるところ」すなわち回転をかける方向と、それを正確に実施する方法を――ラケットという重いものをいかに軽く振ることができるかというところに注目しつつ、説明していきます。回転を与えてショットの正確さを増すこと、できるだけ小さな力でボールを飛ばすことを念頭に、ボレーのテクニックを紐解いてみます。

史上最高のお手本、フェデラーにショットのメカニズムを学習する

技術を習得する上で史上最高のお手本はロジャー・フェデラーでしょう。彼をおいて誰を見本にすればいいのでしょう。そのテクニックの素晴らしさとは、すべてに無駄な力が入っていないところ。「そもそもフェデラーは常に真ん中にボールが当たるから無理をする必要がない」と思っているあなたは、こう考えてみてください。

時代とともにテニスを行う環境は変わり、その中で育った選手たちが競争の中でテクニックを変えてきました。フェデラーもそのひとりであり、彼は現代のテニスを大きく動かした、完璧な見本と言えます。学び方を変えれば、フェデラーにできることはみなさんにもできると私は思っています。できるかできないかは、コツをつかんだか、そうでないかの違いでしかありません。

よく、あの人は運動神経が優れているからうまくできる、と言う人がいますが、その運動神経とは何か。それは、前に何かの運動をしたことにより、一定の運動の方法をカラダが覚えていて、その運動のメカニズムを新しく出合う運動に転化できる能力だと私は思っています。自転車をうまく操ったり、水泳をしたり、卓球をしたりと運動経験のある人は、次に新しく出合う運動、スポーツにカラダが順応しやすいのです。言い換えれば、コツを知っているということになります。運動経験の少ない人は、少し時間をかけながらコツをつかめばよいのです。フェデラーが現代テニスのテクニックを手に入れたように、みなさんもフェデラーをお手本に、コツをつかんでいきましょう。

では、フェデラーが手に入れたショットのメカニズムを紐解いていきます。

ロジャー・フェデラー

フェデラーのボレーを身につける第一歩

ドリル 1 ラケット面でボールを上につく

まず、ボールを上（空中）についてみましょう。ラケットとボールが近いから簡単ですね。ボレーに限ったことではありませんが、ボールをラケットに正確にミートさせようというとき、ラケットとボールの距離が近いほうが簡単であることはおわかりでしょう。そのことが証明できました。

ボールをポン、ポンと上についてみよう

ドリル 2 ラケットを動かして回転をかける

手首の角度は変えずに水平に動かすと回転がかかる

ボールが落ちてくると想定できる場所にラケット面で待ち伏せして、手首の角度を変えずに水平にラケットを動かし、ボールに回転をかけて連続してついてみましょう。これも簡単ですね。このことから、ボールが前から飛んできても、ボールの後ろに面を準備し、面の角度を変化させずに回転をかけたい方向に面をこすれば、ボールは難なく返球できて、ボールを安定させるスピンも同時に得られると推測できます。

ドリル 3 面の角度を変えたらどうなるかを検証

今度は空中につき上げるときに手首を使って面の角度を変えてみてください。ボールの行方は途端にバラバラになり、連続してつくどころの騒ぎではなくなったのではありませんか？

ドリル 4 下半身の動作を加えて上につく

落ちてくるボールに回転をかけて連続で上につきますが、今度は膝の曲げ伸ばしをプラスし、ボールに高さを与えてみましょう。簡単にできますね。このことから、パワーをボールに伝えるには下半身の果たす役割が大きいことがわかります。手首や肘、肩の回転を使いすぎると、 パワーは得られても面が不安定になりやすいのです。前方から飛んでくるボールのスピードをうまく盗めば、ボールは前に飛んでくれます。

したがって、ラケットを大きく引く必要はなく、仮に相手のボールがゆるくて自分からボールに力を与えたければ、大きく踏み出すことによってパワーは得られ(与えられ)、しかも正確に当てることができるのです。

ドリル2に膝の曲げ伸ばしを入れると、ボールにパワーが伝わり高く打てる。手首や肘、肩の回転を使いすぎると面が不安定になるので使いすぎない

ドリル 5 より高くボールをつき上げるには？

今度はボールを空中に高くつき上げ、同時に、もっと回転量を増やしてみてください。まずはやってみましょう。あなたはどのようにしましたか？　当然、ラケット面は常に水平です。手首は、若干ですが親指の方向へ「コッキング」されています。コッキングとは手首が自分の顔のほう、すなわち親指側にわずかに曲がった状態で、このドリルの場合、極めて微妙な動きですが、コッキングを戻すように使っていると思います。これが面の角度を変えずに回転をかける方法です。

コッキングとは、手首がわずかに親指側に曲がった状態。 これをわずかに使ってボールに回転をかける

面を安定させるメカニズムは難しくない

　ビールやワインのグラスを乾杯で持ち上げるとき、飲み物を自分の頭にかけてしまう人はいません。手に持ったグラスの水平面を保つ力は私たちにはすでに備わっています。考えてやっているわけではなく、数回の学習により自然に身についた行動です。

　ボレーの場合、ネットの向こう側からボールが飛んできて、しかもボールが徐々に落下していることが問題です。仮にボールを横から眺めているなら、もう少し見極めがしやすいのですが、前方から飛んでくるのでそうはいきません。重力によるボールの落下と、同時にこちらに迫ってくるスピードが読みづらいのです。ただ、このことに慣れれば、面を正しい位置に持っていって、なおかつ乾杯のグラスの例と同じで、実は手首で面を安定させるメカニズムは、いたって簡単です。

テクニック面でのコツは「コッキング」

　コッキングが理解できれば、ボレーにはコッキングがしやすいコンチネンタルグリップが適していることも理解できるでしょう。グラウンドストロークの厚いグリップのままでは、コッキングの状態に手首をもっていくのが難しくなります。フォアハンド側の厚いグリップやバックハンドの両手打ちでボレーを打つこと、あるいは、当てようとして面をボールの後ろに入れることにこだわると、コッキングの状態から遠ざかり、本来はシンプルで簡単なボレーのテクニックを難しくしてしまいます。

　コッキングにはもうひとつ利点があります。ボレーでも若干のカラダの回転がともないます。ラケットヘッドの動きは、このカラダの回転による影響を受けます。コッキングを行い、ラケットヘッドを頭に近づけて引けば、ラケットはカラダの回転軸の近くに保たれているため、必要以上のトルク（回転によって生じる駆動力）が生まれにくいのです。逆に、その適度なトルクを利用すれば、遠心力を生かしてラケットヘッドをタイミングよく、しかも、最小限の力で、ボールインパクトへと進めることができます。

　コッキングを行わず、ラケットをボールの後ろに入れようとしすぎると、カラダの回転にともない、ラケットヘッドにトルクがかかってしまいます。つまりラケット面がインパクトの位置に入ることを妨げるチカラが働き、振り遅れが起きたり、それを防ぐために余分なチカラが必要となります。

ボレーのグリップが厚い場合、根本から直すか、工夫で乗り切るか

フェデラーのようにコッキングができなかったとしても、あきらめる必要はありません。多少、テクニックが難しくなるだけです。根本的な解決法はコッキングがしやすいコンチネンタルグリップを覚えることですが、グリップを変えるというもっとも難しい解決法を選ばなくても、「どのようにすればコンチネンタルグリップから生まれる手首の動きをつくれるか」を探る方法もあります。

例えば、ラファエル・ナダルなどフォアハンドの握りが厚いグリップのプレーヤーの多くが、フェデラー並みとは言いませんが、厚いグリップでも上手にボレーができるように努力しています。ボレーのグリップが少し厚いみなさんは、写真を見てチャレンジしてみてください。ナダルは厚いグリップでうまく力を生み出すために、ラケットヘッドをより頭のほうへ近づけています。

おそらくボレーの握りが厚い方や、両手打ちでボレーする方は、コーチに「グリップが厚いよ」「インパクト後にラケットヘッドが下がってるよ」などと注意をされることでしょう。しかし、これは実際に起こっている現象を注意されているだけで、解決方法を提示されたわけではありません。よいコーチならもう一歩進んで「ラケットを立てなさい」「打ったあともラケットヘッドをリストより下げないように」と注意するでしょう。

ラファエル・ナダル

ナダルのように厚いグリップの場合、フォア、バックともラケットヘッドを頭のほうへ近づけておくことで、コンチネンタルグリップと同じ手首の動きを使える

ボレーの基本メカニズム

ボレー習得 4つのポイント

1 回転はサイドスピンとアンダースピンの合成

フレンチ・オープンやウインブルドンなどでフェデラーのドロップショットをご覧になったことはあるでしょう。そのとき、ボールはどんなふうに跳ねていましたか？　ダウン・ザ・ラインに打たれたドロップショット、さらに、クロスに打たれたアングルボレーも、バウンド後、ボールは外へ外へと曲がっていきませんでしたか？ このことから、ボールに「サイドスピン」がかかっているのがわかります。すなわち、フェデラーのボレーやスライス系のショットは「アンダースピン」と「サイドスピン」の合成と言えます。

2 リストは常にカラダの前 大きく後ろに引かれていない

これはどこのコーチでも教えていることだと思いますが、ラケットを大きく後ろに引くとパワーは出ますが、ミートが難しくなります。大きく引くと、その分、必然的にラケット面は上を向き、そこからインパクトに向かって面が起きてくるため、面が大きく変化してしまうからです。ですから、リストは常にカラダの前にあり、後ろには引きません。

リストはカラダの前にあり、後ろに引かない

アンダースピンとサイドスピン

3 ラケットヘッドが頭に近く、リストは外にある

コッキングとは、手首がわずかに親指側に曲がった状態のことで、ボレーやスライスでキーになるテクニックです。このコッキングをほんのわずかに戻すことにより、ボールに回転がかかります。

コッキングされた状態をつくるには、 フェデラーのようにラケットヘッドが頭に近く、リストは外にある形をつくることです（写真右端）。ラケットヘッドがカラダに巻きつくようなイメージ、あるいは、リストはボールの軌道の真後ろにあるけれど、ラケットヘッドはそれよりカラダの近くにある形をイメージするといいでしょう。

4 打ったあとも、リストはコッキングの位置に

打ったあともリストはコッキングの位置（状態） に保ちます（フォアボレーの写真左端、バックボレーの写真右端）。 構えたときにつくったコッキングを戻しきってしまうのは正しくありません。つまり、極端なリスト動作を行わないということです。

ボレーの基本を身につけるドリル

4つのポイントを踏まえて、ボレーの構えとサイドスピンを練習しましょう。ここで学ぶのは「肘とリストは常にカラダの前にある」こと。サイドスピンのドリルでは、回転をかけてコントロールするためのラケットワークや感覚を練習します。

ボレーの面の動き

みなさんは、ボレーの上手な人を見て、アンダースピンだけで打っていると思っていませんか？ 残念ながら、この見方は考えが固まりすぎです。インパクトの瞬間は時間にす

ドリル 1 ラケットをまったく引かずに打つ

ネットの白帯の上にラケットヘッドを載せ、リストは白帯より下になるように構えてください。ラケットがネットに支えられているので、かなりリラックスして構えることができるでしょう。練習相手に最初はボールを手投げで出してもらい、手首の形は変えずにラケットとリストをいっしょに動かして、面を打球方向に向けてボールをとらえます。強く打つ必要はありません。打点はできるだけネットの向こうで。つまり、ラケット1本分、踏み込まないと、この打点で打つことはできません。

ラケットを出すだけだから、引いている感じはない

ラケットヘッドはネットから離れて自分の側へ動き出し、逆にリストは前に動き出す。このことにより、リストが自然にコッキングの位置に入る

れば1000分の3秒ほどですから、そんな速い動きは見ようとしても見えません。にもかかわらず、打ったあとにラケット面が上を向くことから早合点して、アンダースピンをかけようとラケットをボールの下に滑り込ませようとします。

ボレーのテクニックについてそのような考え方を持っていると、スピードや回転が常に変化する相手ボールに対応できません。面が同じ方向を向いている瞬間がほどんどないため、ショットが安定しません。あなたは、常にミスと背中合わせのテクニックを覚えたことになります。

ドリル 2 サイドスピンの感覚を覚える

サイドスピンをかけてゆっくりボレーボレーをしてみましょう。サイドスピンをかけるには、2つ方法があります。ボールを右から左に切る方法と、左から右に切る方法です。ここでは右利きの方のバックボレーで考えてみましょう。ラケットを立て、ラケットヘッドを頭に近づけて構えたあなたは、カラダを少し回転させるだけで、いとも簡単にラケットをボールの左から右に出していってサイドスピンをかけることができるでしょう。

ボレーボレーでサイドスピンを練習

ラケットを立てて、ラケットヘッドを頭に近づけて構えたらカラダを少し回転させてみよう

ドリル 3 より大きくラケットを動かし、サイドスピンをかける

ドリル2のバックボレーの形から、 ラケットを持った手をより軌道の外側(向かって左)へ出し、できるだけボールの左からラケットを入れてみましょう。そうして、カラダの左側まで、ネットに平行になるようにスイングしてみましょう。ラケットフェースもネットとほぼ平行にキープします。

ラケットをより大きく動かしてみると、サイドスピンがかかる

ドリル 4 逆クロスに打つとサイドスピンの感覚を覚えやすい

ドリル2や3と同じようなテクニック練習ですが、少し簡単にしてみましょう。バックハンドとフォアハンドで、 逆クロスへサイドスピンをかけて打ってみてください。 比較的、スピンの感覚がイメージしやすいと思います。バックハンドに比べてフォアハンドが難しいですが、打点を前にして腕を柔らかく使うのがコツです。

サイドに立ち逆クロスに打つ練習

ドリル 5 中央のボールを逆クロスに持っていく

これも同じような練習ですが、 今度は友人にセンターベルトの真上にボールを出してもらいます。コートの中央に出されたボールを、最初はバックハンドで逆クロスに打ちます。次はフォアハンドで逆クロスに打ちます。できるだけ、ボールが弾んでから外へ切れていくように心がけてください。最後にフォアハンド、バックハンドを交互にやってみましょう。

中央に立ち、回り込んでサイド方向へ、サイドスピンをかけて打っていく

ドリル 6 サイドスピンでスライスやドロップショットを打ってみる

今まで練習してきたサイドスピンのイメージで、ベースラインからスライスを打ってみましょう。大きく体重移動させるとボールに力が加わります。できるだけ面の向きを変えないように振っていきます。まずはネットと平行に、なおかつ面を前（相手のコート）に向けて、振ってみてください。うまくボールをとらえることができるようになったら、より遠くへ飛ばしてみましょう。今までよりも前に振るよう心がけるか、体重移動やカラダの回転をうまく使うかです。

感じがつかめたら、サイドスピンを使って、ストレートにドロップショットを打ってみましょう。バウンドしてコートの外へ切れていくか否かで、横回転がかかっているか確認できます。

サイドスピンのイメージでスライスを打っていこう。バウンドしたボールがサイドに切れていくかどうかで、サイドスピンがかかっているかどうか確認できる

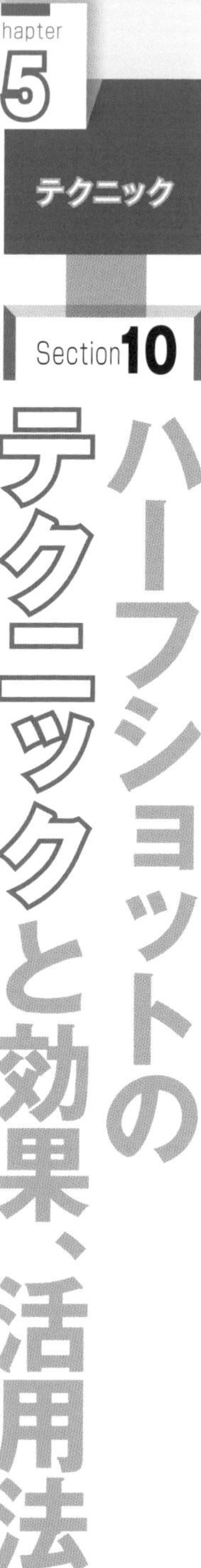

ハーフショットのテクニックと効果、活用法

相手のスピード、勢いを利用するテクニック

「ハーフショット」、あるいは「ハーフボレー」というジャンルのショットを通じて、力を抑制したり制御したり、あるいは相手のスピードを利用する、ブロックするなどのテクニックを学びましょう。こうした技術の習得を通して「打ち方は必ずしもひとつではない」ということの理解を深めていただきたいと思います。

さて、みなさんは「自力でボールを飛ばしている」という実感をお持ちではないでしょうか。しかし多くの場合、みなさんは相手のボールの勢いを使ってボールを飛ばしています。これは、「スマッシュのほうがサービスに比べて力が入りやすいこと」「あまりにもボールが飛んでこない対戦相手とプレーしたら、非常にやりにくいこと」、あるいは「コーチの手出しのボールを強く打つのが難しいこと」などの、みなさんが実際に体験してきたことからも理解できると思います。

あなたは、「相手のボールの勢いを使う」ということにもっと理解を深めれば、もっと効率的に、相手のスピードを利用しての返球が可能になります。

相手のボールの勢いを利用して返球している

英語では「コンパクトスイング」や「ハーフショット」という言葉を使いますが、こうしたショットが、ブロックするスイングに当てはまります。ネットプレーでハーフバウンドでとることを「ハーフボレー」というように、グラウンドストロークでもハーフバウンドでとることがあり、これは「ハーフショット」または、ボレー同様「ハーフボレー」と呼ばれます。実戦ではよく見かけるショットですね。

これをよく使うのがロジャー・フェデラーです。フェデラーはバックハンドでより多くハーフショットを使いますが、フォアハンドでも時々使います。また彼はネットをとることがほかの選手より多いプレースタイルですので、ネットでのハーフボレーも多く使います。

ボレーなら、みなさんもスイングが小さいことを理解していると思いますが、どうでしょうか、ストロークのハーフショットもかなりフォロースルーが小さく、コンパクトなスイングであることを理解してください。

小さなテークバック、コンパクトなスイングで打つ

フォアハンドのハーフショット

フォアハンドのハーフボレー

打ったあと、ただちに次のプレーに備える体勢に

写真の両手打ちバックハンドのハーフショットを見てみましょう。テークバックもフォロースルーも普段のグラウンドストロークと比べて小さいです。

普段なら大きく引かれるテークバックを、かなり小さくし、フォロースルーは、普段はラケットが背中までいっていたり、フォアハンドであればカラダに巻きつくところまできているのと比べ、これらの写真のハーフショットではインパクト位置からあまり遠ざからないところで終えています。

そしてもうひとつ、顕著に出ている点は、打った直後に、ただちに次に向けて動けるような体勢になっていることです(写真右端)。フルショットや十分な時間がある場面では、ボールに対してカラダを大きく預けるように打球するため、打ったあとの動作はボールを打った方向へ移動して行われます。また、フォロースルーも打球方向へ長くとり、その後、高い位置でカラダに巻きつくように終わることが多いでしょう。ここに示したショットとは相反するカラダの使い方です。

バックハンドのハーフショットを打った直後、すぐに次のプレーに移る体勢に移ることができる

場面に応じて必要なテクニックを選択する一流アスリート

野球の大谷翔平選手やイチロー選手で考えてみましょう。大谷選手はイチロー選手よりもボールを遠くへ飛ばすことのできるスラッガーです。それに比べて、イチロー選手（写真）は内野ゴロをヒットにしてしまう選手、ひとつ先の塁に進むことに秀でた選手でした。つまりイチロー選手は、メディアで「まるでテニスのようだ」と紹介されることがありましたが、テニスのように次の行動に移ることが可能なフォロースルーと動作を会得した選手と言えるのではないでしょうか。

ただし、大谷選手が先の塁を盗むことを選択する場合もありますし、イチロー選手がホームランを打つこともあります。それはフェデラーと錦織選手にも言えることです。要は、テニスのショットにしろ、野球のバッティングにしろ、一流のアスリートはその個性や長所とは別に、場面に応じて必要なテクニックに切り替えているということです。

イチロー選手は打球しながら次の行動に素早く移っていく

相手のショットのスピードを盗み、相手から時間を奪う

ベースラインでのハーフボレー（ハーフショット）には、ふたつの用途（効果）があります。

ひとつは相手に攻撃された場面で、相手の深くてスピードの乗ったボールを後方へ下がらずに返せることです。これには、相手のショットのスピードをそっくりそのまま盗んでしまう効果があります。したがって、もし相手にネットをとられても、いいネットポジションでボレーさせないように、カウンターでパッシングショットを放つことができます。相手がネットへ出てこなくても、早く返球することで相手は次のショットポジションに入るのが遅れ、ラリーの形勢を元に戻す

相手がサービスを打ってネットに出てきても、ハーフショットのカウンターでパッシングショットを打つことができる

相手のボールが深くてもハーフショットで返せば、次のポジションに移るのも、相手のショットに対応するのも早くできる

効能があります。

もうひとつの効果は、フォロースルーが小さいため、次のポジションや相手のショットへの対応が早くなることです。

ハーフショットのテクニックはこんなふうに活用できる

先ほどは守備的な局面での効果についてお話ししましたが、ベースラインでのハーフボレーのテクニックはさまざまな場面で有用です。例えば、ネットをとるためにアプローチショットを打つとき、またはパッシングショットを打つとき、あるいはスピードの乗ったファーストサービスを返球するときなどです。

このように、次のポジションへの移動や相手ショットに対応する時間に制限があるとき、ハーフボレーまではいかなくても、ライジングで処理するテクニックを使う場合があります。つまり、相手のボールペースが落ちる前に処理して、相手のボールのスピードや勢いを利用するテクニックです。ハーフショット、コンパクトスイングを手に入れることは、このような場面で生きてくるのです。

ボールペースが落ちる前にとらえてボールの勢いを利用するアプローチ

ハーフショットの精度を高める練習法

練習や試合では、できるだけボールとの距離を適切に保ち、あなたの一番得意な打点で打ち続けることがもっとも大切で、常にみなさんが心がけるべきポイントです。ところが、実戦では必ずしもそのように打ち返せるとは限りません。相手のボールがスピードに乗ってきたり、タイミングを早くされた場合などがそれにあたり、あなたはボールとの適切な距離を保てなくなってしまいます。そんな場面でハーフショットはラリーを元のイーブンな状態に戻す有効なショット、手段となります。

例えばムーンボールのような、高い軌道で相手の位置を下げる目的のショットを打たれたら、ボールのバウンドのトップ（頂点）は、あなたにとってもっとも力の入りにくい「肩より上」になってしまいます。そこで、あなたは適切な位置に入り、バウンドのトップ付近ではなくライジング寄りの打点で打つか、もしくは弾んで落ちてきた位置でボールをさばく必要があります。

ムーンボールの処理には十分に時間があり、あなたはその時間を使って下がって対応できるはずで、そうすれば力の入らない打点で打たされることもありません。ところが、スピードの乗ったボールが来たり、相手にタイミングを早くされた場合などでは、両足を動かして適切な位置に入る時間がありません。これこそ

ハーフショットの打点イメージ

実際には適切な位置に入る時間がない

弾んで落ちてきた位置

バウンドのトップ付近

ライジング寄りの打点

ハーフショットが求められる場面です。
ハーフショットを使う場面を想定しながら対応例と練習法を挙げていきます。

時間的余裕のない状況をつくってドリルを行う

パッシングショットは、対戦相手がサービスライン近くから打ってくるアプローチショットへの対抗策として使うことがほとんどです。そのため、時間的制限があり、多くの場合、相手が判断ミスをしない限り、踏み込んでスタンスをつくる時間さえ奪われてしまいます。そこで、まずは相手のボレーに対するグラウンドストロークとしてハーフショットを練習してみましょう。

ドリル 1 ストローク対ボレーで自動的に学習

あなたはグラウンドストローク、練習相手にボレーをしてもらいます。あなたは時間のない中でもできるだけ適切な位置に入って打ち続けるように努力します。まずは10球続けるようにしましょう。あなたはいろいろな場面に遭遇しながら、なんとか適切な位置に入ろうとし、しかも、それができなかった場面でもなんとか返球していることでしょう。すなわち、あなたはオートマチックにハーフショットを学習していることになります。

ドリル 2 ベースラインから下がらずに返す

ドリル１と同じストローク練習ですが、あなたはベースラインからできるだけ下がらずにボールを打ち続けます。ドリル１の練習では、適切な位置に入るために下がることもできました。そうして少し時間をつくってボールを打つこともできたのですが、このドリルでは下がるのはご法度です。そのため、ドリル１より多くのボールをハーフバウンドで処理する練習になります。

ボレー対ストロークを目標10球続ける

ベースラインからできるだけ下がらずにラリーすると、多くのハーフショットを打つ機会がある

ドリル 3 ネット近くからのボレーに対応

ストローク対ボレーでは、普段、練習相手にはサービスラインの少し前でボレーしてもらっていることでしょう。でも、このドリルではサービスボックスの中央くらいまで前につめてもらいます。あなたはいつものグラウンドストロークのポジションにいても、相手からのボールが早く返ってきます。ドリル2と同じように、あなたには時間がなくなってしまい、ハーフショットを自然に学ぶことになります。

ボレーヤーにネット付近までつめてプレーしてもらうと返球が早くなり、ストローク側は時間がない中で自然にハーフショットを打つ機会が多くなる

時間のない場面でも、ショットの質、テクニックの精度を落とさない

ドリル1～3はオーソドックスな練習ですが、ドリル4は、コンパクトスイングをしなければならない状況を強制的につくって行う練習です。ドリル1～3でおわかりのように、コンパクトなスイングを手に入れるには、相手との距離を縮めて練習するのが効果的です。例えばいつもより前のポジションでリターンを練習する、また、ラリー練習でもベースライン上でできるだけプレーすることで同じような効果が生まれます。

こういったオーソドックスな練習でなかなかコツがつかめない方、あるいは、よりハーフバウンドに近い（つまり時間がない）場面でのストローク技術の精度を上げたい方におすすめがドリル4です。

ドリル 4 スイングが終わるか否かで次のボールへ

練習相手に下手投げの手出しでボールを出してもらいます。 あなたはベースライン上で、 相手がボールを出す位置はベースラインから2m弱くらい内側に入ったところです。相手には、下手投げで腰の位置より高く弾むような軌道で、3球連続で出してもらいます。

2球目、3球目のボールを出すのは、 あなたのスイングが終わるか否かのタイミングで、そこをよく見定めてもらい、次から次へとすぐに出してもらうのがいいでしょう。あなたは、ハーフショットまではいかなくても、かなりコンパクトなショットが必要になります。

もちろん、その場合でもスイングにともなう運動連鎖を怠ってはなりません。運動連鎖を短く正確に行う、いい練習になるでしょう。3球1セットで、何セットかやってみてください。

ドリル 5 低いバウンドをコンパクトに処理

　ドリル4と同じような要領で行いますが、今度はベースライン上のあなたの膝もとへ弾んでくるようなボールを、下手投げで投げ入れてもらいます。ドリル4よりバウンドが低くなるため、あなたはパーフェクトなスイングをする時間がありません。文字どおりハーフショットが必要になります。練習相手にボールを出すタイミングを見定めてもらい、10球くらい打ってみましょう。

ベースライン上にいるとき、膝下のボールに対して、小さなテークバック、コンパクトスイングでカウンターで打っていけば、相手がいいポジションにつく時間を奪うことができる

ドリル 6

走り込んで コンパクトに打つカウンター

難しい局面での、オープンスタンスを使ったハーフショットでのカウンターの練習です。 練習相手には、ベースラインの2m弱ほど内側から上手投げでボールを出してもらいます。 ベースラインから少しアウトするくらいのボールをコーナー付近に、ボールを叩きつけるような感じで投げてもらいましょう。 あなたは走り込んでカウンターショットとして打ち返します。走る距離はみなさんのレベルによって調整してください。

近い位置から深い位置に出されたボールなので、あなたには踏み込む余裕さえ与えられません。ただ、手出しですからボールの威力はラリーほどではなく、 技術を学習しやすくなります。

これが相手に攻撃された場面での走り込んでのカウンター（ハーフ） ショットであれば、 踏み込む余裕さえない中、早いタイミングで返球することで、相手の準備が遅れてラリーの形勢を逆転できるかもしれない

より難度の高いハーフショットを身につけよう

ハーフショットをうまく実行するには、重心を上手にコントロールしなくてはなりません。どんな状況でも踏み込んで打つもの、と思い込むのはご法度です。「必ず踏み込んで打て」という命令を自分自身に課さないほうがよいということです。

なぜか、というところを説明しましょう。ハーフショットは深いボール、速いボールへの対処として用いるプレーですが、その「深さ」や「速さ」はさまざまです。また、時間のない中でのプレーですが、ボールがバウンドしてからの「時間のなさ」には程度の差があります。そのため、普段みなさんが行っている「ボールとの距離＝スペースを適切に保つ」ということが容易にできません。すなわち、これは特別な局面でのプレーであるという理解が必要です。

したがって、普段のように「踏み込んで打つ」ばかりでは対処できません。これから紹介する「重心のコントロールの仕方」をご覧いただき、重心位置をコントロールしてみましょう。その際、必ず「打点は重心の位置より前」と心がけます。そうすることによって、打点の遅れ、振り遅れを防ぐことができます。

時間の余裕がないからこそコンパクトに処理

ベースラインから下がらずに返す

さまざまな重心のコントロールの仕方

普段どおり踏み込んで、通常の打点で処理

踏み込んで打つだけの時間的余裕があると判断できれば、もちろん通常どおり踏み込んで、スクエアスタンスでボールを打ってかまいません。この場合は、あなたの重心は両足の真ん中、すなわち、おへその真下くらいにあるはずです。したがって打点は右利きの場合、フォアハンドなら踏み込んだ左足の前（写真は左利きなので右足の前）、バックハンドはその逆足の前になります。

フル・オープンスタンスでの処理

あなたには踏み込む時間さえありません。そこであなたは、速いサービスに対するリターンのように、両足のつま先をコートの中に向けたままのフルオープンスタンスで返球しなくてはなりません。このスタンスは、（本来は踏み込む）前足と（後に残る）後ろ足がネットと平行に位置する形になり、重心もまったく移動しません。したがって、踏み込んでいたら遅れてしまうようなボールでも、重心の位置より前に打点をもってくることができるため、返球が可能です。

深いボールを処理する“ステップバック・ショット”

ステップバック・ショットは、フルオープンで処理するよりもさらに深い（食い込まれた）ボールの処理の仕方です。あなたは、フルオープンスタンスの状態から、（写真は左利きなので）フォアハンドなら左足、バックハンドなら右足を大きくステップバックします。そうして、フル・オープンスタンスの状態より重心を後ろに下げることで、打点を前にすることができ、返球が可能となります。

重心を後ろに下げる“リーン・ショット”

写真がまさにこの状況です。あなたは、ステップバックする時間さえありません。その場合、スプリットステップから、お尻を下げ（少し後ろにずらす）、それにともなって前の足が上がるくらいの体勢でボールを打ち返します。本当に緊急事態ですが、それでもあなたは、重心の位置をずらすことで、打点を重心の前にコントロールすることができます。

ハーフショットの練習ドリル

ドリル 1 4種類の重心で打ってみる

4種類の返球の仕方をそれぞれ練習してみましょう。あなたはベースライン上に立ち、練習仲間の友人に2mほどベースラインの内側に入った所から、下手投げでそれぞれの場所に投げてもらいます。1mくらいベースラインの内側に着地するボールは、踏み込んで打ちます。ベースラインの少し内側で弾むボールは、フルオープンスタンスで打ちます。ベースライン付近で弾むボールは、ステップバックで処理しましょう。最後は、足元にくるボールを、イラストを参考にお尻を下げ、重心をずらして打ってみましょう。

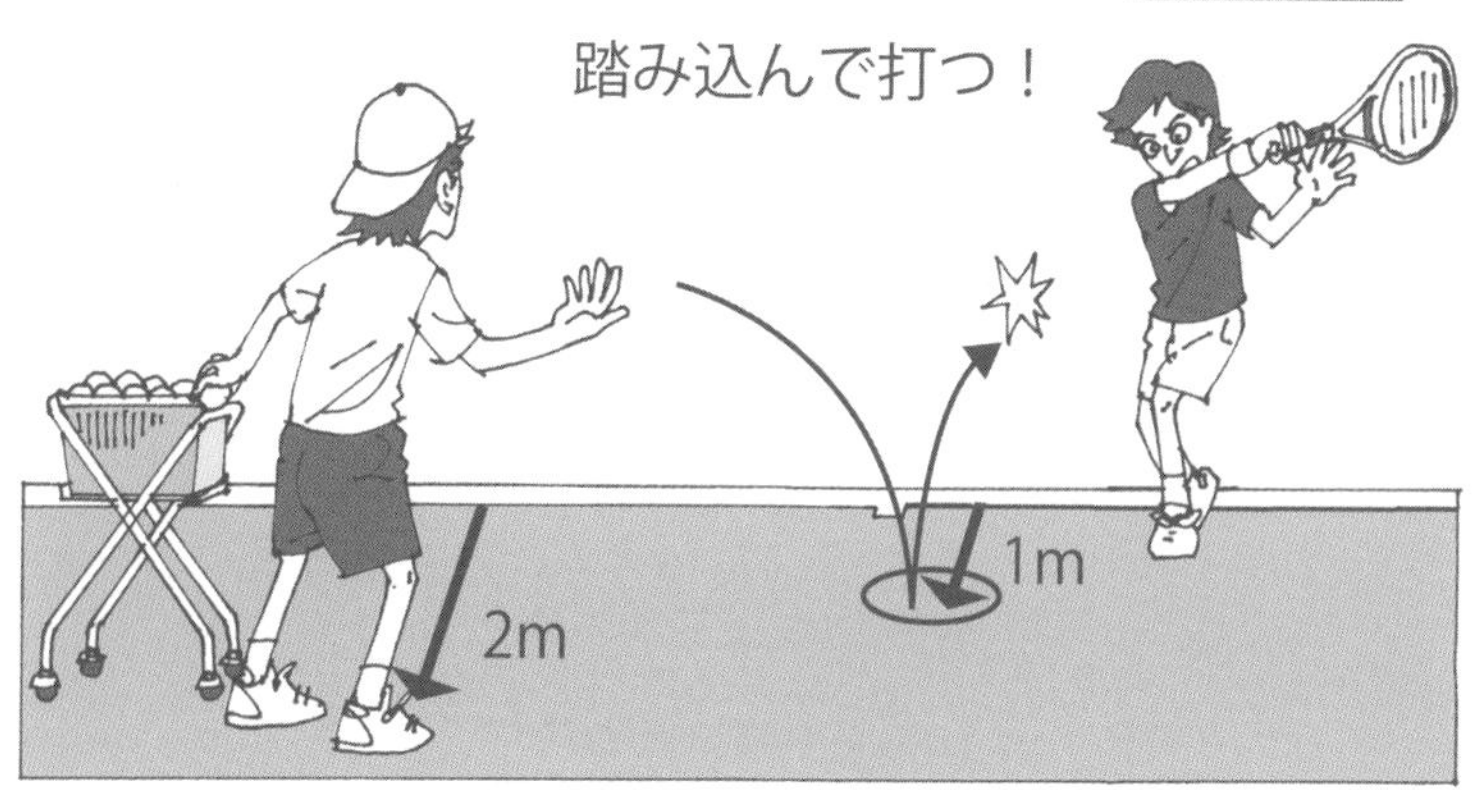

ドリル 2

4種のボールをミックスして練習

ドリル1がうまくできるようになったら、この4種をミックスして（ランダムに）出してもらい、それぞれのボールに対応できるようにしましょう。

ドリル 3

より実戦に近い形で

これまでのドリルを少し実戦に近づけましょう。コートの縦半面を使って練習します。練習仲間にラリーで攻め込んでもらいましょう。あるいは、ネットの向こう側から厳しいボールを足元に打ってもらいます。あなたはできるだけ落ち着いて、最後までボールから目を離さず、練習してきたテクニックを使って返球しましょう。

Chapter 5

テクニック

Section 11

サービスの基本メカニズム

回転の方向、回転量と速度の関係を頭に入れておく

ここで解説するサービスのメカニズムとは「回転」と「打ち出される方向」「インパクトポイント」です。まず、フラットサービスについて説明しましょう。サービスにはフラット、スライス、スピンサービスの3種類のテクニックがありますが、一般的に「フラット」と呼ばれていても、実際は無回転ではなく、ボールが回転し

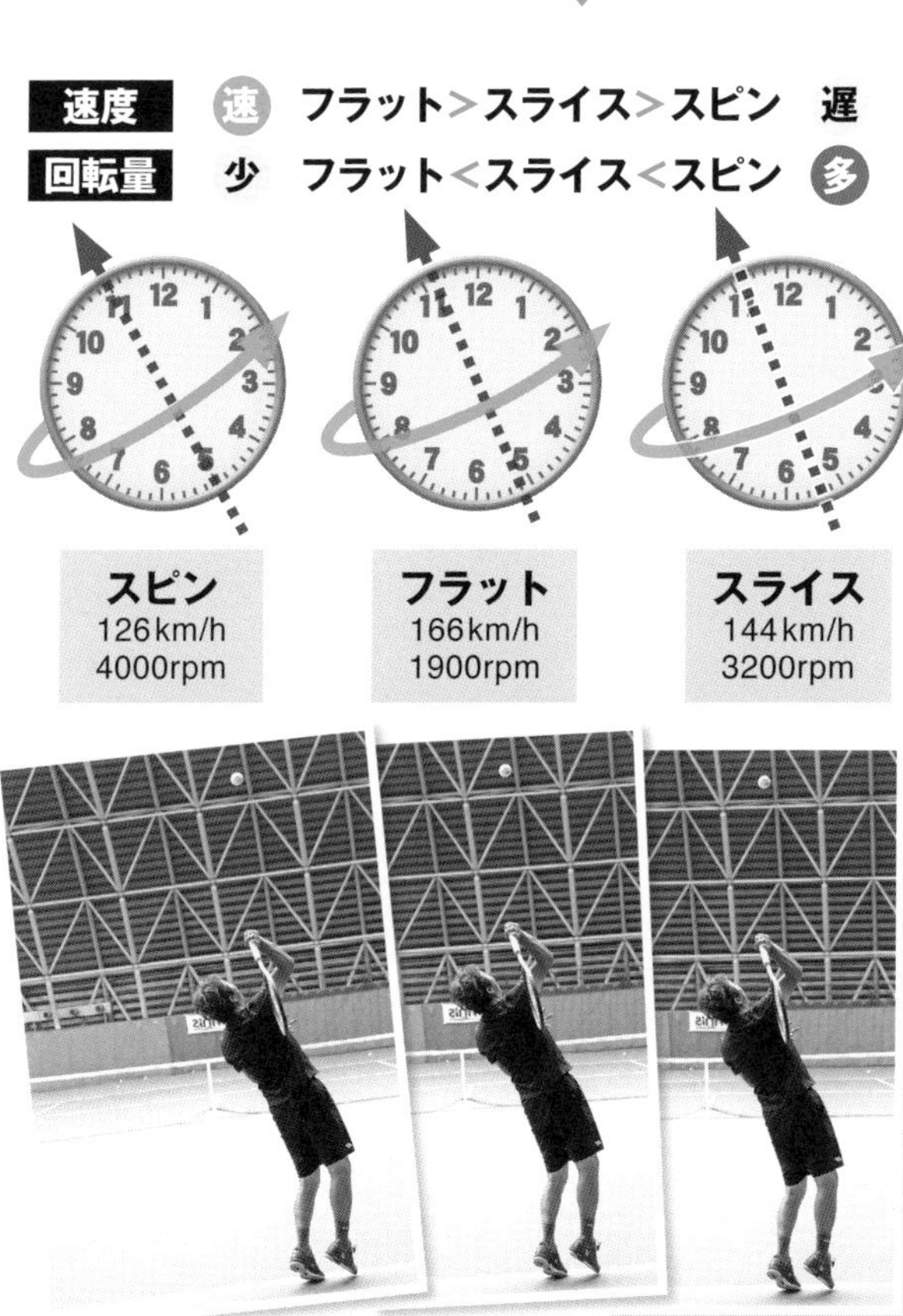

※Section11は一部の写真を反転（左利き→右利き）させています。

ています。男子のトッププロなら毎分2000回転ほどとの測定データがあり、かなり多くの回転がかかっているのがわかります。

この回転の効果によって、ボールはサービスラインの手前に落ち、高く弾んで（レシーバーが触れなければ）後方のフェンスの高い位置にノーバウンドで当たるのです。

時計の図は、3種のサービスの回転の方向と速度、回転量、すなわち、サービスの基本的な考え方を示すものです。フラットとスライスはほぼ同じ方向に回転がかかっていることがわかります。速度はフラット＞スライス＞スピンの順、回転量はフラット＜スライス＜スピンの順で多くなり、速度と反対の関係にあることがわかります。

みなさんがサービスを練習する場合、いかに効果的な（意図通りの）ボールが打てているかを判断するには、速度と回転のコンビネーションを意識することをおすすめします。

すべてのサービスは順回転とサイドスピンの混合

すべてのサービスには順回転がかかっています。このことが安全面、つまり確率面に貢献します。グラウンドストロークにおけるトップスピンと同じです。図は、スライスサービスでの回転軸の傾きと回転の方向を時計の文字盤で示したものです（右利きを想定）。ラケットは「左」から、そして「下」からボールに入り、コンタクトののち「右」に、「上」に抜けていくことを示しています。ボールにかかる「下から上」の力で順回転がかかります。また、ラケットがボールの左側から右側に抜けるため、スライス回転、すなわちサイドスピンがかかります。

スライスサービスとフラットサービスの回転方向とスイング方向

最初の時計の図（右ページ）で示したように、フラットとスライスはほぼ同じ方向に回転がかかります。その違いは、回転量とスピードだけです。さて、テクニックの概略を理解したら、ドリルを通して考えていただくことにしましょう。

ドリル 1 フラットサービスの感触、感覚を覚える

「感覚」は非常に大切です。厳密にはボールがストリングに長く乗るようなことはありえませんが、正しくとらえたときは、手の中にしっかりと重い確実な手応えが残ります。その感触を頼りにフラットサービスの感覚をつかんでください。連なった3つのボールを一度に打つような、あるいはドッジボールをラケットでとらえるようなイメージで打つといいでしょう。手のひらにあまり手応えが伝わらない場合は、面の角度が間違っている可能性があります。

ドリル 2 8時から2時のほうに振り抜く

スライスは正しく曲がるが、フラットが同じように曲がってしまい、特にデュースサイドで正しくコントロールできないということはありませんか？　この場合は大抵、スライスサービスにそもそもの問題があります。スライスサービスでは、ラケットはボールの左側＝時計の8時の位置から入り、2時の方向へ（右へ、そして上に）抜けていきますが、これができていないことが考えられます。そこで、まず、ボールの真後ろを探します。右手を高く上げ、ボールをできるだけ高いところに持っていきます。そうして、ボールのどの位置をラケットで打つか確認しましょう。その上で「8時から2時」の方向を探ってみましょう。

ビリヤードをヒントに、サービスのラケット、ボール、軌道の関係を考えてみよう

ビリヤード（玉突き）をヒントに説明しましょう。あなたが狙うポケット（穴）は、デュースサイドのサービスボックスに置かれた目印の円錐（コーン）です。これはスライスサービスの軌道上に置かれています。穴に入れる「的球」はテニスボール。そして、ビリヤードの「手球」（キューで突く白いボール）は、あなたのラケットです。

さて、あなたは手球（ラケット）をテニスボールのどこに当てますか？　インパクトポイントとコーンを結ぶ線上にあるテニスボールの「真後ろ」が、手球（ラケット）を当てる位置です（少し左に曲がる分を計算して、コーンよりわずかに右を狙うことも必要です）。ここにラケットを当て、8時から2時の方向に振り抜きます。

ドリル 3 面の向きを友人にチェックしてもらう

ラケットを最初からヒッティングポイントに置き、練習仲間の友人にコーンの方向に正しくラケット面が向いているかチェックしてもらいましょう。正しい向きで置くことができていたら、構える前から常にラケットフェースの向きを意識し、ヒッティングポイントで面が打ちたい方向を向くようにコントロールしながら振ってみましょう。8時から2時の方向へラケットが出ていくということは、インパクト前の時点では、ラケットはインパクトの位置に対して自分の頭より後ろ側になければいけません。この点もチェックしてもらいましょう。

ドリル 4 インパクトでのラケットの動きをつかむ

当たる瞬間のラケットの動きをトレーニングしましょう。写真を参考にしてください。腕をインパクト時くらいまで伸ばし（肘がわずかに曲がった状態）、ラケットヘッドと手首の角度が90度くらいになるように、また、カラダとネットが平行になるように（ネットに正対して）構えます。この形から左手で軽くトスをします（正しいトスアップでなくて構いません）。そうして8時から2時の方向へ振り抜いてみましょう。強く打つ必要はありません。山なりの軌道で軽く打ちます。ベースラインから打たなくても、サービスラインからでもかまいません。スライス回転もしくはスピン回転がかかっているか、確かめてください。

このようなイメージができますか？ おそらく多くの方が、スライス回転がかかりやすい位置にラケットを当てようとしているのではないでしょうか。

ストローク同様、ボールとラケットは一瞬で離れてしまうので、ボールに最初に触れたラケットの角度が命です。ボールはその角度により、物理の法則にしたがって飛んでいきます。たとえあなたがボールにまとわりつくようにラケットをコントロールしたとしても、実際は一瞬のラケットの向きによってすでに方向は決定づけられています。したがって、「スライス回転をかけやすい位置」をイメージして面を当てると、ボールは左に曲がっていくばかりです。

ドリル 5 フォロースルーは右に抜けているか

狙ったコースへボールが飛ぶかどうかは、ラケットフェースの向き次第です。ドリル4の要領で打って、自分でフィニッシュを確認しましょう。ボールが飛んでいく方向よりも（右利きは）右にフォロースルーされていたら、正確なスイングができている証拠です。

ドリル 6 カラダを横に向け、ラケットを肩の上に

うまくできない場合は以下のようにやってみましょう。普段のサービスのようにネットに対してカラダが横を向く姿勢をとってください。ここからドリル4、5のようにラケットを動かしていくのですが、このドリルでは、ラケットのネック部分を肩に乗せ、ラケットをネットと平行に保ちます。前述のドリル同様にトスを上げ、ボールに対して8時から2時の方向に振り抜いてみましょう。そしてボールの軌道と回転をチェックして、うまくできたかどうか確認してください。

ドリル 7 自分なりの打点の高さを確認する

リサーチによって、標準的な打点は身長のおよそ1.5倍の高さだとわかっています。背伸びをして、肩を上げ、腕を伸ばしたあたりと考えてよいでしょう。プロはもっとジャンプしていますが、みなさんはつま先立ちして、できるだけ右肩を持ち上げ、肘と手首は少し曲がった程度のところがスイングの頂点だと思っていいでしょう。

ドリル 8 スライスの打点は右肩の上、体の30㎝前

打点は、スライスとフラットでは、(右利きは) ちょうど右肩の上くらい。より順回転に近いトップスピンサービスの場合は、ちょうど傾いた右耳の上くらいだと考えてください。前後の位置については個人差がありますが、カラダの重心から30㎝前くらいだと思ってください。必要以上に前になるとボールはネットを越えにくいので、友人と互いにチェックするといいでしょう。

サービスの基本メカニズム

打点までのラケットの動きをどうつくっていくか

サービスにおける基本メカニズムは「多段式（例えば3段式）ロケット」にたとえることができます。3段式ロケットでは、3つの機体がそれぞれ噴射装置を持ち、下から順に噴射させては切り離し、推進力を生み出します。サービスもこれと同じで、まずは下半身でパワーを発生させ、下から上へと順序よくパワーを伝え、最後にロケットの先端部分にあたるラケットに力が集約されます。サービスに限らず、グラウンドストロークのメカニズムもほぼ同じで、下から上へ順にパワーを伝えていきます。

サービスの打点はすでに解説しました。打点がわかったら今度は、構えたところから打点までのラケットの動きをどのようにつくっていくかです。おそらくみなさんはそこに苦労されていることと思います。

まずは簡単なラケットの動きをマスターして、トスや体重移動とうまく連携できるようにしていきましょう。グラウンドストロークに比べ、サービスにおける腕の動きは複雑です。なぜなら、肘を加速運動に使うことが必然となるため、肘関節から腕を曲げる運動がスイング動作の中に含まれるからです。

野球のキャッチボールなど、ボール投げ運動を経験された方は比較的うまく取り組めますが、野球未経験の女性など、ボール投げ運動の経験が少ない方にとっては当然、習得が難しくなります。そこで、初歩的な腕の動きから練習していきましょう。

ドリル 1 ラケットを2本持って前回し＋後ろ回し

ラケットを２本重ねて持ち、その重さを利用して肩を大きく回します。前回し、それから後ろ回しもやってみましょう。同じ速度で、ゆっくりと回してください。ラケットの重さで肩に負担がかかるので、ゆっくりで構いません。大きく回すように心がけましょう。これは実際にサービスを打つ前の肩のウォームアップにも適しています。

ドリル 2 サービスのモーションに近づけて腕を回す

ドリル1と同じ要領で、少しサービスのモーションに近づけて、肩から大きく腕を回します。面の向きを気にすると大きく速く回せなくなるので、グリップや面の向きは気にせず、大きく回すことに専念します。いったん、ラケットを高い位置に持ち上げ、肩の上まできたら、後頭部のほうへラケットヘッドを落とし、またすぐに上にラケットを回していきます。後頭部のほうへラケットを落としたときに肘が下がらないように気をつけましょう。

ドリル 3 ラケットの重みを感じながら行う

ドリル2がうまくできたら、今度はラケット1本で腕を回します。 今までのようにラケットの重みを利用することはできず、その分、カラダが感じ取る力、すなわち体性感覚が必要となります。できるだけ重みを感じ取るように努力しましょう。その重みを利用した反動でラケットが動くことも理解してください。

ドリル 4 重力とその反動を使いながらスイング

ラケットの重みや反動による動きを感じ取れたら、正しい位置でラケットの速度を変化させてみましょう。最初の時点で、ある程度動きに勢いがないと肩より上にはラケットが上がっていかないので、本来のサービスのモーションよりは最初に速度が必要かもしれません。

ラケットが肩の上辺りまできたら、ジェットコースターが最高地点に達したのと同じですから、できるだけ速度を遅くします。そうして肘を支点に、重力を利用して一気にラケットヘッドを落とします。その反動を生かして、ただちにラケットを振り上げます。反動を利用すれば、その分、小さな力で振ることができます。打点まで一気に振り上げましょう。そのあとは、リラックスしてフィニッシュを迎えます。

ドリル 5

トスアップの動作をプラスする

ドリル4をスムーズに行うことができたら、 今度はトスを上げる左手の動作も入れて、 もう一度、最初から。これもできるようになったら、 実際のサービスのモーションに近づいていきます。

ドリル 6

柔らかいものをラケットと同じように振る

縦に伸ばすとラケットと同じくらいの長さになるレジ袋、もしくはタオルを用意します。レジ袋にボールを3個入れて（またはタオルの先端にボールを3個あるいは同等の重さのものを結びつけ）、 ラケットのように振ってみましょう。 ドリル1で行ったように、 遠心力すなわち袋の先端にかかる力を利用して回します。ラケットのように硬くないので、うまく遠心力が生み出せていないと、 持っている手の位置で袋がくしゃっと折れてしまいます。硬いものを振るように動かすことができれば、うまく動かせている証拠です。 ドリル5同様、徐々に本来のモーションに近づけていきます。

肩関節が機能しにくい「ポイント」と肩の切り替え

サービスのモーション、あるいはボールを投げる動作では、肩関節がうまく機能しない「ポイント」があります。ラケットを肩の高さ以上に、あるいはボールを肩の高さ以上に上げようとすると、そのポイントが動きの邪魔をするのです。実際にやってみればすぐにわかります。まず、右手の親指が左を向くようにして手のひらを太ももにつけます。そこから、肩を支点に、両肩を結ぶ線に沿って右手を上げていきましょう。肩の高さくらいにくると上げづらくなるのがわかるでしょう。「ポイント」とはここのことです。

今度は、右手の甲が太ももに触れるようにしてください。先ほどと同じように肩を支点に両肩を結ぶ線に沿って右手を上げていきます。今度は先ほどに比べてスムーズに上がるのがわかるでしょう。ところが、これではテニスのトッププレーヤーやプロ野球の選手とはほど遠い肩の回し方になってしまいます。彼らはまず、前者の形、つまり小指を先行させるかたちで肩を回し、その後、切り返しを行います。その動きを習得する「フレームフレーム」というアメリカで行われているドリルを紹介します。

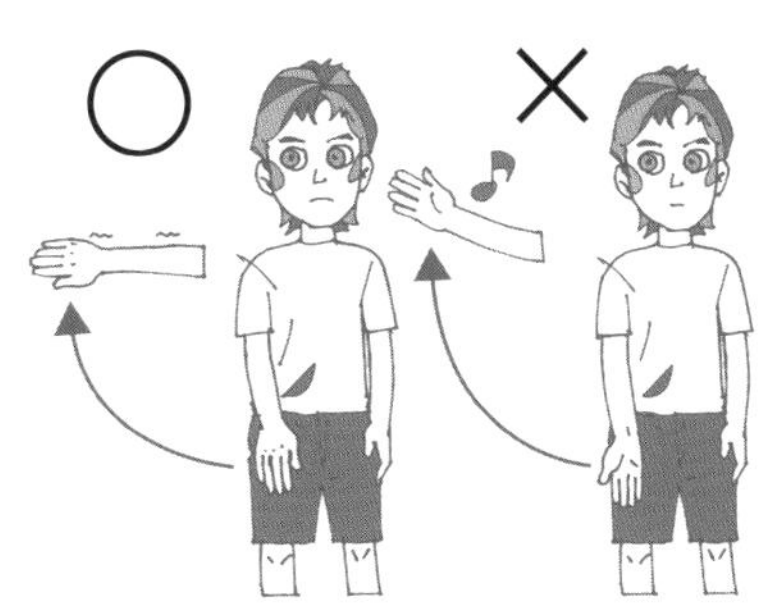

小指を先行させて肩を回し、その後、切り返す

ドリル 7 フレームフレーム

サービスの構えの姿勢をとります。サービスに適したグリップなら、ラケットは親指側のフレームが上、小指側のフレームが下を向いた状態になっているはずです。ここからスイングをゆっくり始めます。まず小指側のフレームを先行させ、ラケットを後方に持っていきます。肩が窮屈になって悲鳴をあげそうになる前に、親指側のフレームから一気に担ぎ上げてラケットを背中に回します。そして、ボールに向かっていくときにふたたび小指側のフレームに切り替えます。インパクトのところまできたら、親指側のフレームで振りきってしまいましょう。

あなたのコントロール力、体性感覚が試されるドリル。ラケットの重さを感じながら、加速させる部分でより速く振れるように努力しましょう。

より速く振るために、ムチを振る動作を覚えるドリル

　ここまでに、すでにムチを振るような動作をつかみかけている方もいると思います。重要なのは、ゆったりとスイングを始動した上で、〝一気に〟ラケットを担ぎ上げること。腕とラケットが〝急激に〟ラケットを担ぐポジション（すなわち、あとはボールに向かっていくだけというポジション）に入る動作が加速を生むのです。

　ところが、最初から担いだ状態にしたり、そのポジションに早く入りすぎると、かえって加速させるのが難しくなります。

ダルビッシュ有選手の投球動作。ゆったりと動作を始めて、あとはボールに向かっていくだけのポジションに入る

手に持っているボールが下を向いた形

ドリル 1 パームダウン・ポジションを確認

　まず、ボールを投げてみましょう。もちろん立った状態から投げてもいいのですが、骨盤の動きを抑制して意識を腕の振りに集中させやすいという理由から、膝立ちでやってみましょう。できるだけ弓を弾いているような状態まで胸を張り、肘を大きく引きます。このとき、手に持っているボールが下を向いた形、すなわち「パームダウン・ポジション」をとります。前腕はネットと平行になるくらいの位置にキープし、そこから投げてみましょう（ムチ動作）。肘を正確に引いているか確認するために、後ろに練習仲間に立ってもらい、肘に触れてもらうのもよいでしょう。

肩・上腕は最初「内旋」の位置に同じく前腕は「回内」の位置に

サービスの動作は、よく投球動作にたとえられます。実際、投球動作とサービスでラケットを振る動作はほぼ同じメカニズムで行われます。すなわち、投げる（サービスを打つ）直前は、肩・上腕が「外旋」の状態にあり、その後、「内旋」の動きをして、さらに前腕が「回外」の位置から「回内」という動きに移り、投球動作では手の指に、サービスではラケットに、力を最大限に伝えていきます。

ただし、その前の準備段階では、腕に力をためて引き起こすために、ムチのような動作が必要になります。準備としては、上腕は〝急激に〟外旋に入るために、あらかじめ「内旋」の位置に置いておいたほうがよいのです。また、前腕もこれから急激に「回外」の位置に入るために、あらかじめ「回内」位置にあったほうがよいのです。

用語が難解で、難しそうですが、実際に構えの位置でのリストの向きやラケットの向き、ラケットを引き始めた段階、まさにトスアップを始めた段階でのリストやラケットの向きを写真などで確認してみてください。選手によって若干違いがありますが、それぞれ、ボールを投げるときと同じように手のひらが下を向いているのがわかります（各写真参照）。

サービス動作（ムチ動作）

肩・上腕が「外旋」、前腕が「回外」さらに回転は続く

肩・上腕が「内旋」、前腕は「回内」の状態

ドリル 2 ラケットを持ってムチ動作ができるか

パームダウン・ポジションや前腕の位置を頭に入れた上で、ラケットを持って実際に打ってみましょう。これも骨盤を固定するために、膝立ちで行います。ラケットを持つと、その重量により腕に負荷がかかるので、ボール投げのようにたやすくはできませんが、ボール投げのときにできていた「ムチ動作」がしっかり入っているか、確認しながら行ってみてください。それができたら、今度は両足で立った状態でやってみましょう。

引き出したいのはムチ動作

ドリル 3 ペットボトルを立てて腕を回す

500mlのペットボトルを使って行う、ムチ動作を引き出すための準備段階の練習です。ペットボトルに半分くらい水を入れ、ラケットを担ぎにいく瞬間までの、カラダの前側でのテークバック動作のリハーサルを行います。ボトルのキャップのところを3〜4本の指で上から軽くつまんで持ちます。できるだけペットボトルが立った状態を保つように引き始め、担ぐ動作の直前まで腕を回してみましょう。体の前側（右利きは右側、左利きは左側）での動作をキープするのを忘れずに。

ペットボトルを指でつまみ、立てて担ぐ動作

ドリル 4 ボトルの重みを感じ、スイングに生かす

ドリル3を何度かやったら、今度はラケットで行います。すなわち、ペットボトルのドリルで得た体性感覚をラケットに伝えてみましょう。実際にボールを打っても構いません。何度も繰り返しトレーニングしてください。ドリル3では、ちょうど手の真下にペットボトルの重さを感じることができるので、 感覚が生まれやすくなります。

やや高い位置に構え、ラケットが地面に落ちて跳ね上がるように瞬時の反動を使ってボールを打つ

ドリル 5 反動を使ったバウンドサーブ

ドリル4までのトレーニングでうまくいかないみなさんに「バウンドサーブ」をおすすめします。まずは素振りから。ラケットを担いだところから打ちますが、普段、トロフィーポーズでラケットをセットするときより少し高い位置に構えます。ここから腕を脱力させてラケットを背中側に落とし、その瞬間、あたかもボールが地面に落ちて反発するかのように、ラケットが落ちる反動を使って勢いよくラケットを振り出しましょう。脱力させるところでは、できるだけ肘が大きく下がらないように注意。

ドリル 6

スイングに
トスのタイミングを合わせる

ドリル5の「バウンドサーブ」の素振りがうまくできたら、実際にボールを打ってみましょう。あなたは以前よりラケットが速く振れるようになっているはずです。すると、今までのトスでは時間が余ってしまい、タイミングが合わないかもしれません。 その場合、スイングを遅くしてタイミングをとり直すのではなく、スイングにトスを合わせるように努めましょう。

ペットボトルで感じた重さをラケットを持ってやってみる（写真はニック・キリオス）

ドリル 7 ゴルフのイメージでダウンスイング

今度はもう少しオートマチックな方法で学ぶことにします。この方法ではコンチネンタルグリップが必須です。トスは上に投げないで、下に落とし、ゴルフスイングのイメージでダウンスイングします。落としたボールが地面に着く直前、もしくは膝より低い位置に来たあたりで、ボールにスライスをかけて打ってみましょう。カラダがネットと直角になるように、すなわち、ネットに対して横を向いたほうがラケット面がネット方向を向くので、やりやすいはずです。担いだ斧を振り下ろすようにして、肩より少し高い位置から重力を利用して振り下ろすと、まるで力を必要としません。

続いて、最初の打点より高く、膝の位置で打ちます。スライス回転を大きくかけてカットしてください。さらに腰の位置へと打点を上げていきます。 今度は胸の高さ、そして肩の高さ、頭の高さ、そして通常のサービスの打点の位置まで上げていきましょう。このプロセスを何度も繰り返して行います。

ゴルフのダウンスイング（写真はタイガー・ウッズ）

振りの速さを自動的に身につける練習

「ボールを打つ」動作での基本的な考え方

背骨をカラダの中心軸と考え、これを中心にカラダを回すと、背骨から遠くなればなるほどラケットは重く感じられ、コントロールが難しく、振り遅れが起こりやすくなります。そのため、最初にカラダを回し始めるときには、ラケットはカラダの軸に近いほうがよく、加速が肩から肘へ、そして手首へと伝わっていくときに徐々にカラダから離れていくのがよいでしょう。

これはサービスに限らず、フォアハンドやバックハンド、ボレーでも同じで、さらに野球やゴルフでも同じようなメカニズムでスイング運動が行われます。したがって、コツをつかめば小さな力でスイングスピードを出すことができるようになります。

もう一点。ラケットをボール（打点）から遠ざければ遠ざけるほど、正しくミートするのが難しくなります。こうした困難を解消し、ラケットを正しく動かすために、私が紹介したようなトレーニングが必要になるのです。上手な人はこれを知らずに会得しているのですが、理解した上でトレーニングに取り組めば、もっとラケットを上手にコントロールできるようになります。

最初にカラダを回し始めるとき、ラケットはカラダの軸に近いほうがよい

カラダの動きと同調させて、正確にトスを上げる

サービスでの肩の動かし方を理解していただいたら、サービスは50％完成です。あとは正確にトスを上げるだけです。よいトスを、タイミングよく上げることができれば、肩は自然に仕事をやってのけます。練習して身につけたスイングを殺すことなく、ショットを完了できるのです。

ところが、トスの上がり方がバラバラになってしまうと、いい打点で打てないためにラケットの速度を落とさなくてはならないし、トスとタイミングが合わなくてもラケットの速度は落ちてしまいます。

サービスを打つプロセスを便宜上、9つに分けてみました。

❶構え／スタート、❷ラケットダウン、❸ラケットアップ／トスリリース、❹トロフィーポーズ（ローディング＝力をため込む）、❺コッキング（ドライブ＝加速へ向かう）、❻加速、❼打点（コンタクト）、❽減速、❾フィニッシュ

❶「構え／スタート」から解説していきます。

構え方、ラケットの支え方はしっくりくる形を選ぶ

サービスの動作のスタート部分は選手によって個性があり、形はまちまちです。トスを上げるために左手でボールを持ちますが、同じ左手を使ってラケットを支える必要もあります。ラケットを握る右手をできるだけリラックスさせたいからです。そのとき、インパクトの瞬間に必要なグリップ（ラケットと握手するような前腕とラケットの関係）を維持したままにしておきます。

左足のつま先は、若干右向きクローズドスタンス気味に

スタンスは、左足のつま先がベースラインに対し45度の角度で、ターゲットより右を向くようにします。野球のピッチャーは左足のつま先がターゲットのほうを向きます。そのほうがカラダが狙った方向へ行きやすくなるのですが、サービスは狙っている方向よりも若干ラケットが右へ抜けていくのが自然な形なので、左足のつま先も少し右向きになります。

打つ方向に対して後ろ足となる右足は、つま先が左足の踵のあたりを向くようにしましょう。もう少し横を向いてもいいのですが、ネットと平行くらいまでが限度で、それ以上つま先を外に開く「外また」のような状態は避けましょう。これから全身に力をため込んで打つときに合理的にパワーが伝わらないからです。

これを基本型としてスタートしますが、練習を重ねていく過程で、少し余分にカラダの向きをクローズドにしても構いません。ただ、デュースサイドでカラダの横向き、クローズドスタンスがきつすぎると、厚い当たりであるフラットサービスが打ちにくくなるので注意してください。

ビアンカ・アンドレスク

ドナ・ベキッチ

アシュリー・バーティ

前の足から後ろの足に体重を移す行為からモーションをスタートさせる

いよいよサービスのモーションに入っていきますが、前足である左足のところにルール上、踏んではいけない線＝ベースラインがあるため、これが「障害物」になってしまうケースがよくあります。ビギナーや初・中級者が苦しそうにカラダをねじったり、トスを上げる手やラケットをずいぶん頭より高くしてモーションをスタートしているのを見かけますが、それはある意味当然というか、原因は容易に理解できます。ベースラインという障害物が邪魔で、サービスのモーションが始めにくいのがその理由です。

それを避けるために、上級者の多くは一度大きく左足に体重を預け、それを後ろの足に移す行為からモーションをスタートさせています。前足の左足に体重を預けたのち、左足のつま先を上げる方がいますが、これも体重をスムーズに後ろの足に移すための行為です。左足のつま先が自然に上がらない、あるいは、つま先を上げるのがなじまない方は、お尻を後ろに引くようにすると右足に体重が移りやすいはずです。

前の足から後ろの足に体重を移す行為からトスアップのモーションを始める

左手は「5時間」、右手は「7時間」「2時間の差」があるから同調が難しい

さて、写真はサーバーが今まさにサービスを打とうとしているところですが、そこに時計の文字盤を重ねてみました。モーションのスタートは誰でもほぼ同じです。そこから左手が運動する距離と、右手に持ったラケットの先端が運動していく距離を文字盤で比べてみてください。

トスを上げる左手はここから少し下に動いたとしても6時くらい、トスしたボールが手を離れる位置は1時くらいです。つまり「5時間」の距離を動くことになります。ラケットの先端が動く距離はどうでしょう。ラケットは最初は4時を指し、そこから11時の位置まで移動します。およそ「7時間」の距離です。5時間と7時間、この2時間の差がサービスというショットを難しくしています。

みなさんはコーチに「もっとゆっくりラケットを引きなさい」と言われたことがありませんか？　でも、そうすると間に合わない、と感じたのではありませんか？

あなただけではありません、みなさん、そこで悩んでいるのです。テークバックはゆっくり、リラックスした状態で行い、途中から一気にスピードアップしたいのですが、トスとのタイミングがあるため、それが容易ではないのです。

サービス動作の左手と右手の動きを時計の文字盤でイメージすると、移動距離、時間に「差」があることがわかる

左手は4時→6時→1時という動きで「5時間」、右手は4時から11時まで動いて「7時間」、2時間の差がある。この時差がサービスの最初の難しいところ

そのままシンプルに上げるか、体をひねり込んだところで上げるか

トスの上げ方は、大きく分けて以下の2通りのタイプがあります。異なる上げ方により、ラケットを持った右手も影響を受けます。

・正確にトスを上げるために、腕を移動させずに最初の位置から上げる
・トスアップ動作をモーションの中に入れ込み、大きくカラダを使って上げる

前者はまさしくトスを上げる位置からそのまま、左腕を別の所にもっていかず

に上げるタイプ、後者はカラダを使うことを優先するために、トスをする左腕をある程度、カラダの近くまで引き込むタイプです。

前者はトスが正確に上げやすく、コントロール力がアップすることが利点ですが、2つの弱点があります。ひとつは、トスをあまりにシンプルに上げてしまうために、右手でラケットを担ぎ上げる時間がなくなることです。プロでもこのタイプの選手がいますが、彼らは時間を追いつかせるために短いテークバックを行うケースが多いようです。もうひとつの弱点は、カラダをひねり込むのが難しいため、十分なパワーは望めないことです。

一方、左手をカラダの近くまで引き込むトスアップは、カラダのひねりに左手を巻き込んでしまう恐れがあり、トスが安定しない弱点があります。強みは、やはりカラダを大きく使えることです。練習は、よりパワフルなサービスが可能な後者（フェデラー・タイプ）の会得を目指します。

アシュリー・バーティは左腕をそのまま上げるトスアップ

ロジャー・フェデラーは左腕をカラダの近くまで引き込むトスアップ。カラダのひねりを大きく使う

トスの練習はカラダの動きとの調和を図りながら行う

ここまで進めてきて、あらためてサービスの動作を整理しておきましょう。

・スタンスを決める
・ボールを数回、地面につく
・狙いを定める
・リラックスする
・体重を前に乗せる
・体重を後ろに移し、モーションをスタートする

ここでモーションをスタートすると同時に、トスの準備を行い、実際にトスを上げなくてはなりません。

よいトスをタイミングよく上げるためには、最初に挙げた「サービスを打つプ

写真はジョン・イズナーのトスアップ。前の足から後ろの足に体重を移す行為からトスアップのモーションを始め、両腕がシンクロして動いている

ロセス」（170ページ）の最初の4項目、❶構え／スタート、❷ラケットダウン、❸ラケットアップ／トスリリース、❹トロフィーポーズ（ローディング＝力をため込む）がすべてかかわってきます。ここではトスそのものの上げ方や練習法をお話ししていきますが、実際のトスアップは前述したテークバックモーションとのタイミングの中で行うものであるため、独立してのトスの練習はできるだけ避けたほうがいいでしょう。独立して練習しても、最終的には全体的なカラダの動きとの調和を求められることになります。

ドリル 1

両腕の動きがシンクロするように

カラダがどうやってトスアップの動きをリードしていくかが大事なポイントです。まず、ラケットをセットします。体重は、最初は前の足＝左足で、それを後ろの足＝右足に移動しながら両腕を同時に下げていきます。ボールを持つ左手は、左腿の内側あたりまできたら、それ以上、移動していかないように努めてください。ラケットを持った右手が右脚を通り過ぎ、20cmほど後方にきた瞬間がトスアップをスタートするタイミングです。ラケットを持ち上げていくタイミングは選手により微妙に違いますが、いずれにしろ両手がほぼ同時に上がるような形、両手がシンクロした状態になります。ここまでのタイミングを繰り返し練習しましょう。

ドリル 2 やさしく握り、全部の指を同時に放す

ドリル1でタイミングはわかりました。次はトスだけに集中してみましょう。まず、ボールを正しくつかみます。ワイングラスを持つように親指、人差し指、中指の3本で支えます（薬指が触れても構いません。また、今まで5本の指で持っていた人は無理に直す必要はありません）。真綿を握るように、逆さにしたら落ちてしまうくらい、軽く握りましょう。

そして、ボールをやさしく放してみましょう。すべての指が同時に離れているでしょうか。例えば中指が最後まで引っかかっていると、実際にトスを上げたときにその指がボールを回転させてしまいます。

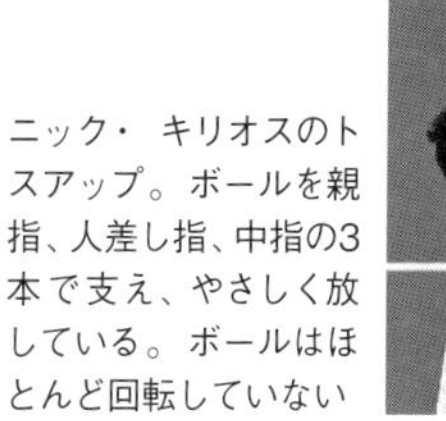

ニック・キリオスのトスアップ。ボールを親指、人差し指、中指の3本で支え、やさしく放している。ボールはほとんど回転していない

ドリル 3 ボールを持ち上げた上で、リリース

次のステップは、実際にトスするように20cmほど左手を上に移動させた上で、同じようにボールを瞬間的に放しましょう。それを40cm、60cmと徐々に伸ばしていき、実際にトスを上げる肩より高い位置でも同じようにできるかやってみましょう。トスの高さを意識する必要はありません、まずは手を放す感覚、体性感覚をつかんでください。

ドリル 4 右手のラケットの動きと同調させる

ドリル1で身につけた感覚を思い出し、ラケットを持ち上げていくタイミングとトスアップを一致させてみましょう。

ドリル 5 「体性感覚」を磨き、より正確に

トスは、投げるというより「置く」ような感覚かもしれません。私がビギナーの頃は、コーチに「トスは投げるな」と言われました。「タンスの上に物を置く感覚」と言われましたが、懸命に吸収すれば、案外できるようになるものです。私からのアドバイスは「ボールが手から離れても継続してボールを押していく」。試してみてください。ラケットを持った手も同調させて練習することを忘れずに！

Chapter 6

運動連鎖

Chapter 6

運動連鎖

Section 1

カラダをひねることから始まる

槍投げに運動連鎖のヒントがある

一連のドリルによって、打点が把握でき、力を入れるタイミングが上達してきたことでしょう。では、もっとボールに力を乗せるには、どうしたらいいのか。それには、大きな筋肉のパワーを腕から手、さらにラケットにうまく伝えられるかがポイントになります。まずは、どのように力をため込むか。ここからは、カラダのひねりや運動連鎖に触れていきましょう。カラダを大きく使う――ごく端的に言うなら、これが運動連鎖です。運動連鎖はカラダをひねることから始まりま

ラケットを持つ手がカラダの前、右側にあり、ヒッティングポイントが近いので正確にボールをとらえられる

ラケットを持つ手がカラダの後ろにあり、これではヒッティングポイントが遠くなり正確にボールをとらえられない

す。そのヒントを、陸上競技の槍投げの選手からいただくことにしましょう。

ラケットがヒッティングポイントから遠くなりすぎると本末転倒

槍を遠くへ投げるには、走って勢いをつけ、カラダを大きくひねって投げることになります。しかし、長い槍を持っていますから、当然ながら、ハンマー投げの選手のようにくるくると回って勢いをつけることはできません。また好きなだけカラダをひねると、槍があらぬ方向へ向いてしまい思った方向へ真っすぐ投げるのが困難になります。

槍投げでは正しいリリースポイントで槍を放す必要があり、カラダをひねりすぎて、槍がリリースポイントから大きく遠ざかってしまうと思ったように投げられません。これはテニスも同じです。カラダをひねったために、ラケットがあまりにヒッティングポイントから遠ざかってしまっては本末転倒、ボールに正しくラケットを当てることができません。

そのため、カラダをしっかりひねるにしても、(右利きの場合)フォアハンド側ならラケットを持つ手はカラダの右側に、バックハンド側なら左側にあるように努めてください。

槍投げ選手の動作を参考にしよう。正しいリリースポイントで槍を放つためのカラダのひねり

カラダをひねったときに、ラケットを持つ手はカラダの右側(カラダの前)にあり、ヒッティングポイントが近く、そうすると正確にボールをとらえられる

Chapter 6

運動連鎖

Section 2

右足に力をため込み、運動連鎖を引き起こす

身長の約1・5倍がサービスのベストの打点

サービスの打点は、身長の約1・5倍の高さであることがわかっています。ちょうど、背伸びをしてラケットを高く伸ばしたあたりです。理想的には空中に投げ上げたボールの頂点、一番高い所でとらえたいのですが、実際にはクイックサーブの名手と言われたロスコ・タナー以来、そこでとらえる選手は現れていません。技術的に非常に難しいからです。そのため、多くの選手はトスが上がりきった所からラケット1本分くらい落ちてきた位置で打っています。

ケビン・アンダーソンのトスアップ。トスは玉入れのカゴに入れるイメージで、頂点から少し落ちた位置が一番ボールをとらえやすい

もちろん、例外もあります。有名なのは元女王のシュテフィ・グラフで、彼女はかなり高い位置にトスを上げていました。トスを高く上げると、ゆったりと時間がとれるメリットがありますが、風が吹いたりするとタイミングがとりにくいため、極端に高いトスはおすすめできません。

トスのばらつきは、カゴの大きさの範囲に収める

大まかにいえば、右肩の真上あたりが最適な打点です。スピンサーブでは右耳の上あたりになります。このように球種によって打点は異なりますが、違うといっても、その程度の差でしかありません。何らかの理由でトスが乱れる場合がありますが、ある程度の狂いはあったとしても、〝カゴ〟に納まるくらいの範囲にとどめたいところです（写真はイメージ）。

ただ、これにも例外の選手がいました。マラト・サフィンです。彼はトスがバラバラになりがちなことで知られていましたが、逆に相手の予測を難しくして、ひとつの武器になりました。

とはいえ、トスの乱れはカラダに負担がかかるため、できるだけ安定感のあるトスを上げることを最優先してください。

落ちてくるまでに準備が間に合わない、と感じたら

ドリル1のように、トスの高さをあらかじめ厳密に決めてしまうと、筋力がない方は、トスのボールが落ちてくる間にすべてのモーションを完了させる時間が足りなくなる場合があります。そこで、あまり筋肉がないと自覚している方は、それより少し高めのトスでも構いません。トレーニングを重ねていく中で、自分らしいトスの高さを選んでください。

高く上がったボールのスマッシュが難しいのをご存じなら、トスが頂点から少し落ちた位置がボールをとらえやすいことを理解していただけるでしょう。もっとも高い位置から少し落とした位置くらいに打点を収める理由は、重力により、落下し始めてから時間が経てば経つほどボールが加速し、スピードが上がるため、とらえにくくなるからです。

ドリル 1

打点の位置にある“カゴ”に入れる

審判台などを使い、高い位置（あなたの身長の1.5倍くらいの高さ）にカゴを置きます。トスを上げ、運動会の玉入れのようにボールをカゴに入れます。ラケット1本分高い位置から落ちてカゴに入るようにコントロールしてみましょう。トスが前後左右にぶれたとしても、カゴの大きさまでのブレに収まるように練習でまとめ上げます。全体的なカラダの動きと調和させることが大事なので、トスの動作に右手のモーションをつけるのを忘れずに。

全身にパワーがたまった状態をつくる

トスが正確に上がるようになったら次に進みましょう。トロフィーポーズ、つまり、ローディング（カラダに力をため込む）の状態をつくることが次のテーマです。写真はトスを上げ終わった瞬間です。トスを上げ、これからまさしく打ちにいく状態、いかにもパワーが全身にたまっている状態であるのが見てとれます。この「力がたまった状態」を少し解説していきましょう。

まずスタンスを見てください。このように、スタンスにはふたつのタイプがあります。写真左は「フットバック」と言われるスタンスで、トスアップのあと、両足は構えたときと同じように離れたままです。写真右は「フットアップ」と言われるもので、トスのボールが離れたあとに後ろの足を前の足の後方に引き寄せるタイプです。

この違いはスピードや正確性に影響しないことがリサーチでわかっているので、なじみのあるもの、心地よいほうで構いません。フットバックは、より前への力を生み出しやすく、フットアップは、より上への力を生み出しやすくします。サーブ&ボレーにはフットバックが向いているという報告もありますが、サーブ&ボレータイプでありながらフットアップでやっている選手もたくさんいるので、みなさんも今のままで問題はありません。

フットバック（両足が離れたまま）　フットアップ（後ろ足を前足に引き寄せる）

いかに「右足」に力をためるか、3つの動作にカギがある

ふたつの写真を見比べると、フットバックのほうが後ろの足である右足に力がたまっていて、フットアップのほうは前の足である左足に力がたまっているようにも見えます。ところが実際は、どちらのスタンスでも、最初にエネルギーを生み出すのは後ろ足である右足です。

すなわち、サービスでは、右足が地面を蹴る力から「運動連鎖」がスタートします。カラダをひねり込み、カラダに力をためる動作、さらに回転運動と体重移動によってそのチカラを最終的にラケットまで伝達していく動作の全体が運動連鎖です。

では、いかにその右足に力をためるか。右足にチカラをためるには、3つの力が必要です。「ひねり動作」「反り動作」、そして「ショルダー・オーバー・ショルダー」、この3つです。これらをドリルで習得していきましょう。

ドリル 2 両腕の誘導で骨盤と上体をひねる

できるだけ簡単な方法でやってみます。サービスのスタンスで立ち、両腕をサービスのフォームのように構えてください。その両腕をぶらんとさせ、バックフェンス側へゆっくり回してください。両腕がカラダに巻きつくような形です。自然に骨盤と上体がひねられ、体重が右足に移るのがわかるでしょう。

この自然な動作をサービスのトスアップモーションに入れ込んで、体重を右足に誘導してみましょう。股関節よりも肩関節のほうが余分に回されているのがベターですが、このとき右足のつま先がバックフェンスの方向を向くのはNGです。つま先の向きは左足の踵の方向で、横を向いたとしてもネットと平行くらいまでが限度です。それ以上つま先がフェンスのほうを向くと、股関節が止めどなくひねられているような錯覚に陥り、上体のひねりを生むのが難しくなります。

ドリル 3 カラダを反らせると自然に膝が曲がる

次は反り動作ですが、これも簡単な方法で学習します。サッカーのスローイングをテニスボールでやってみましょう。サービスのスタンスで両手でボールを持ち、これを上から背中側に回し、カラダの反りを生み出します。そのまま、自分の胸が向いているほう（コートサイドの方向）にボールを投げてみましょう。どうでしょう、カラダを反らせたときに膝が自然に曲がりませんか？　これが自然に起きる膝の曲げで、投げると同時に膝も伸ばされているはずです。多くの初心者はプロが膝を曲げているのを見て積極的に膝を曲げすぎてしまい、その結果、軸が不安定になり、足からのチカラがボールに伝わりにくくなっています。

ドリル 4 ひねり＋反りの動作を合体

次はドリル2と3を同時に行います。サービスのスタンスで、両手でボールを持ち、構えの位置に準備します。まず、右足に体重が移動するように、背骨を軸に腰と上体をフェンス方向へ回します。ボールは両手で持ったままです。フェンス方向までひねったら、前に向き直り、サッカーのスローイングの要領でネット方向へボールを投げてみましょう。できるだけ大きなひねり動作で、カラダ全体を使ってやってみてください。メディシンボールがあればそれを使います。サッカーボールなどでも代用できます。

ドリル 5 左腰だけをコートの中に入れる

右足により大きなチカラをため、ショルダー・オーバー・ショルダー（イラスト）を起こやすくするカラダの使い方を学びます。ドリル4で行った、ひねり動作と反り動作をともなったスローイングを、ショルダー・オーバー・ショルダーも取り入れてやってみましょう。できるだけ左腰だけをコートの中に入れる感じ、すなわち、引き絞った弓のようなカラダの状態を感じ取ってください。それができればショルダー・オーバー・ショルダーができるようになります。これが習得できれば、3つの動作がすべて導入されたことになります。

両肩をシーソーのように動かす ショルダー・オーバー・ショルダー

イラストや写真で「ショルダー・オーバー・ショルダー」の動作を見てください。打点を身長の1・5倍の高さにするためには、これくらい利き腕の肩を上げなくてはなりません。また、利き腕の肩をここまで上げるためには、事前に右足にチカラが乗り、その力を上へと伝えなくてはなりません。この動作は、シーソーのように考えていただけばいいと思います。通常の位置より下がった右肩、そして上がった左肩をシーソーに見立て、左肩を下へ、右肩を上へ動かすことで、ショルダー・オーバー・ショルダーが可能となります。

サービスのショルダー・オーバー・ショルダーを確認しよう（188、189ページも参考に）

運動連鎖

Section 3

下からのチカラのせり上がりをラケットに正しく伝える

上体の反りとラケットヘッドの落ちるタイミングをつかむ

「いかにカラダに力をためるか」。この「カラダ」は「右足」と言い換えることができます。サービスでは、右足で地面を蹴るチカラから運動連鎖がスタートするからです。いかに右足にチカラをためるか――ひねり＋反り＋ショルダー・オーバー・ショルダー（両肩をシーソーのように動かす）の3つの動作を行う際、身につけなくてはならないのが、上体の反りとラケットヘッドの落ちるタイミングです。

カラダが上に向かっているときに、ラケットの先端は加速を得るために下へと動いている

サービスはケビン・アンダーソン。下から持ち上げる下半身の動きと上体の動きが連携してスイングは加速する

下から持ち上げる下半身の動きと上体の動きを連携させる

ここで167ページのドリル5「反動を使ったバウンドサーブ」を思い出し、もう一度行います。その中で身につけた体性感覚とタイミングを、ひねり＋反り＋ショルダー・オーバー・ショルダーの3つのひねり動作とミックスしてみましょう。

写真をご覧ください。3つのひねり動作で生み出された「上へのチカラ」が加わることで、よりダイナミックにラケットが振り出されているのがよくわかります。カラダは下から上に押し上げられた結果、胸が上に向かっています。右腕を脱力させたときに「肘が下がる」のは間違ったカラダの使い方ですが、ここではそれと真逆のチカラが働いているのがわかります。

カラダが上に向かっているときに、ラケットの先端は加速を得るために下へと動いています。このとき、押し上げのタイミングが遅いと、どうしてもラケットは加速せず、肘も下がってしまいます。加えて言うと「ラケットで背中をかくように」と習った方は、残念ながらチカラで、すなわち意図的にラケットを落としていることが多いように見受けられます。上に持ち上げる下半身の動きに上体の連携を加えて練習してみてください。そうして、ラケットを脱力するタイミングと、下半身から上体へとチカラがせり上がってくる体性感覚をつかんでください。

上体の傾きにより、ショルダー・オーバー・ショルダーが可能になる

ショルダー・オーバー・ショルダーの動作をより詳細に見ていきましょう。写真はいずれもインパクトの瞬間ですが、下半身からカラダを持ち上げ、その結果、ジャンプしているのが見てとれます。身長の1・5倍がだいたい打点の高さで、この高さに到達するために、利き腕の肩を高い位置に上げる動作がショルダー・オーバー・ショルダーです。実際には写真のように上体が前に（42度ほどの角度で）倒れています。なお、女子（セレナ・ウイリアムズ）のほうが大きく倒れているようにも見えますが、男女での差はほとんどありません。女子のほうが男子に比べて骨盤のサイズが外に大きい（横に広がる形状）ため、そのように映るだけで、実際は男女とも、およそ40度ほどの傾きです。

この傾きは、ショルダー・オーバー・ショルダーを可能にするために必要なものと理解してください。また、野球のピッチャーが打者に反応時間を与えないために、できるだけ打者に近いところでボールを放そうとするのと同じで、できるだけ打点とレシーバーとの距離を短くしたいという理由もあります。これらの理由から、若干、コートの中に倒れかかるかのような姿勢で打っているのです。

利き腕の肩を高い位置に上げる動作がショルダー・オーバー・ショルダー。その中でインパクトの瞬間は、およそ40度ほど傾く

ノバク・ジョコビッチ

セレナ・ウイリアムス

インパクトで40度ほど傾いたカラダでありながらボールは放物線を描く。フェデラーが「上に打つような感覚」でとらえていることが想像できる

上体が大きく傾いていても、ラケット面は下向きではない

ここで、上体が約40度倒れている事実と、インパクト時のラケットフェースの向きの関係に着目してください。40度もカラダが前方へ倒れていたなら、ラケットフェースもまた40度ほど下向きになっていそうなものではありませんか?

ところが、写真でわかるように、上体がこんなに傾いていてもラケットフェースは若干、下を向いたくらい、むしろ垂直ぐらいの角度のようにも見えます。上に打つ感覚でボールをとらえているのが見てとれるでしょう。このくらいの面の角度で打ってもサービスボックスに入るのは回転の効果です。

ドリル 1

高い軌道を描いてサービスボックスに入るボールとは？下にねじ込むか、上にチカラを解放するか

正しい軌道を描いてサービスボックスに入るのは、どんなボールか、フォアハンドで体感してみましょう。胸の高さで打てるように、自分でボールを軽く投げ上げます。これをノーバウンドでとらえ、サービスボックスに入れてみましょう。できるだけスピンを多くかけるようにしてください。すると、あなたのラケットは、ボールが当たってからねじ込むように下に動くことでしょう（イラスト上）。次に、できるだけ力まず、ボールを打ったあと、上に力が解放されるようにして打ってみましょう（イラスト下）。

前者はよく回転がかかり、勢いもありますが、回転が多すぎてサービスボックスであまり弾みません。後者は、高い軌道を描き、サービスボックスに入って高く弾むでしょう。その違いを体感してください。

できるだけスピンを多くかけて、ねじ込むイメージで打つ

（回転が多すぎてサービスボックスであまり弾まない）

できるだけ力まず、上にチカラが解放されるイメージで打つ

（高い軌道を描き、サービスボックスに入って高く弾む）

ボールがストリングに乗る感覚こそ、信頼できる体性感覚

ドリル1からわかるのは、あまり回転を多くかけようとせず、ボールをもち上げるように打つことで、スピンの体性感覚がつかみやすいということです。ねじ込むように打つ前者の打ち方では、ボールがストリングに乗る感覚はまったくありません。一方、上に力を解放する後者の打ち方は、最後にラケットヘッドが上を向く分、ボールがストリングに食い込む感じがするでしょう。それが信頼できる体性感覚となります。

バスケットボールの3ポイントシュート（距離のあるところからのシュート）をイメージしてみてください。上手な選手には、シュートし終えたあとまでボールを押しているかのようなフォロースルー、腕の動きが見られます。このとき、リストは自然に返っています。これと同じように、ラケットでボールを高く突き上げるようにして、そこからラケットヘッドが自然に下へと下りていくようにします。速く振ろうとしてラケットをカラダに巻きつけないようにしましょう。

ボールを押しているかのようなフォロースルー

ボールを高く突き上げるようにフォロースルー。ラケットヘッドは自然に下りていく

ドリル 2 2m後方から山なりの軌道で

正しいボールの軌道と感覚を自動的に身につける練習です。ベースラインより２ｍほど後方からサービスを打ってみましょう。距離がある分、あなたは当然、スピードを出すことより軌道を意識するはずで、したがって、山なりにボールを打つことになります。

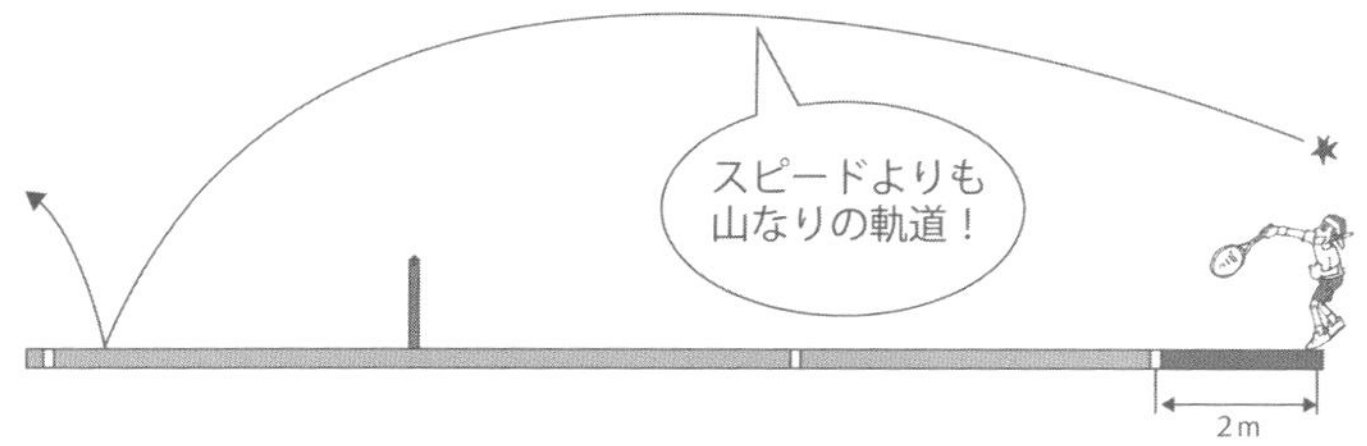

ベースライン後方１ｍ ➡ 通常の位置 ➡ ベースライン内側１ｍ

５回繰り返したら、通常の位置でサービスを打つ！

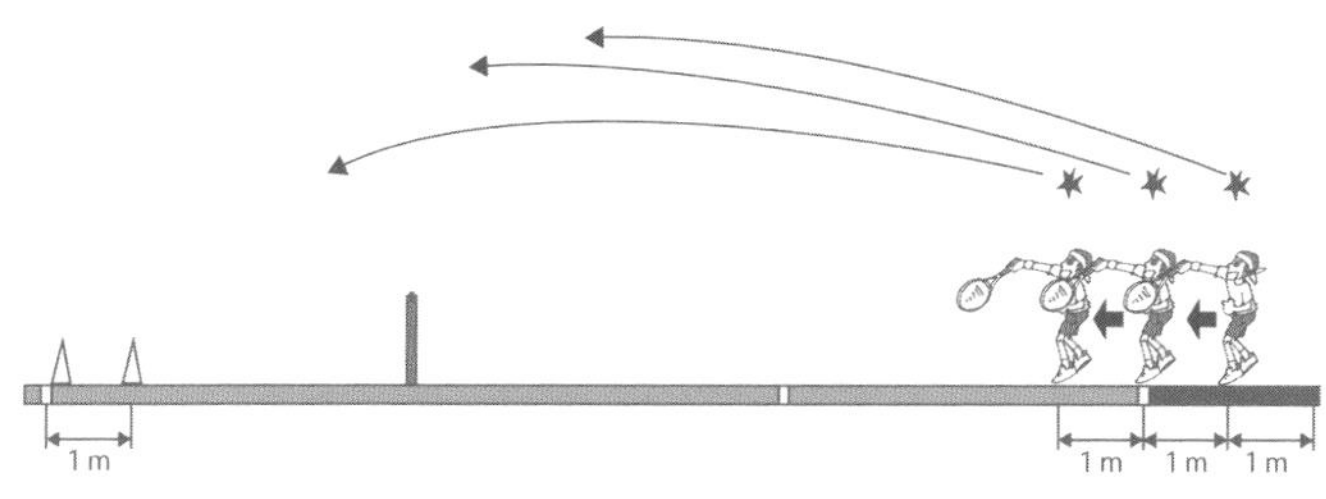

ドリル 3 深く打ったり、浅く打ったり

ドリル２で習得した、上に打つ感覚、ラケットを振る感覚にさらに揺さぶりをかけ、調整能力を高める練習です。まず、ベースラインの1mほど後方からサービスを打ちます。次に通常のポジションから、最後はベースラインの1m内側からサービスを打ちます。これを5回ほど繰り返したのち、通常の位置から打ちます。

サービスラインぎりぎりにターゲットを置き、さらにラインからラケット1本分くらい内側にもターゲットを置いて、ふたつの的を狙って練習します。毎日やっていれば、意図的に深く打ったり浅く打ったりする能力が身につきます。強い選手に挑戦するときや、試合中にネットが多いときなど、短い時間の中でサービスを微調整しなくてはならない場合がありますが、そんなときにこの練習が役に立つでしょう。

上体の倒れ込みを防ぎ「40度」を維持鍵は体幹と左手

「上体を40度倒す」ということについて、一般のプレーヤーにとっては、この「倒す」という動作が厄介でもあります。コーチに、「カラダが倒れすぎている」と指摘されたことはありませんか?

写真(ロジャー・フェデラーの場合)を見てください。前に倒れかかったカラダを維持するために、2つのことをしています。ひとつは、腹筋にある程度力を入れ、これ以上カラダが倒れていかないように止める動作です。もうひとつは、止める動作をより完璧に実行するために、利き手でない左手でカラダをブロックして前に倒れていかないように抑えることです。これらも体性感覚として非常に大切なところです。ラケットを持っている手だけではなくカラダ全体に、また利き手ではない手にまで意識を持っていくことができるようになれば、あなたの上達は間違いありません。

腹筋にある程度チカラを入れ、これ以上カラダが倒れていかないように止める動作

利き手でない左手でカラダをブロックする動作

Chapter 6
運動連鎖

Section 4

体性感覚の大敵、「ボールの違い」に対処する

天候、サーフェスなどの外的要因が選手の体性感覚を揺さぶる

対戦相手を別にすれば、もっとも顕著に選手の体性感覚を揺さぶるものがサーフェス、気候や天候、時差、そしてボールでしょう。みなさんもおそらく初めて行った試合会場などで四苦八苦しているはずです。ここでは、その中でももっとも選手を悩ませているボールについて考えていきたいと思います。

以前、ＡＴＰの選手ミーティングでこんな話題が出ました。「ボールがメーカーによって違いすぎるし、毎週（大会毎）、ボールが違うというのはどうしたものか。スポンサーとの契約関係があるのはわかるが、結果的に選手のプレーの妨げになっている」「どんなロゴがついていてもかまわないから、何とか中身をそろえてもらえないか」。選手からの率直な意見です。それくらい、トッププレーヤーでもボールへの対応に時間がかかってしまいます。

ＷＴＡの選手ミーティングでもボールの問題についてＷＴＡ側から提案がありました。「メーカーと協力し、何とか独自のボールの開発を目指し、安定した（すなわち、どの大会でも共通した）ボールを提供したい」。ツアー側もこうして問題解決に取り組んでいますが、実現には多くのハードルがあるようです。

厳密な条件をクリアした公認ボールなのに、なぜ特性がバラバラなのか

試合で使うボールには、どのような規定があるのでしょうか。ＩＴＦ（国際テニス連盟）の「テニス規則」によると「ボールは表面が均一な繊維製のカバーで覆われ、継ぎ目には縫い目がないものでなければならない」「直径は６・54～６・86㎝、／重さは56・０～59・４g」などと定められています。ＩＴＦや各国協会の公認ボールは、寸法、重量、バウンドなどのテストを経て認められたもので、公式戦ではこうしたボールが使用されます。平均気温、気圧などが標準と大きく異なる地域では状況に合ったテストが行われています。

このようにボールは細かくルールづけされており、ならば、試合で使うのはどれも同じようなボールのはずではないか、とも思われるでしょう。ところが、最初に書いたように、メーカーごとに違う特性に選手が悩まされているのが現状です。

ボールの違いにも負けない確かな触覚を身につける

私に言わせれば、ボールの特性の細かな違いにこれほど悩まされること自体、人間のすごいところです。私たちの感覚は、ボールを何度も何度も繰り返し打つことで磨きがかけられます。そのため、良くも悪くも、慣れていないボールには敏感に触覚が反応してしまうのです。

ボールメーカーはそれぞれの技術を注ぎ込んで最高のボールを提供しているのですから、その良し悪しを論ずるのではなく、ここでは、選手の立場から、どうすればボールを気にせずプレーできるか、また、ボールに対応するチカラ、触覚＝体性感覚をどのように磨くかに焦点を当てて考えてみたいと思います。

ラファエル・ナダルのコーチであるトニー・ナダルは、著書の中でこう述べています。

「風が強かろうと、土が目に入ろうと、極度に暑くても、コートの状況が悪くても、たとえボールがまともに跳ねなかったとしても、そういうものなのだ。落ち着こう。我々には風の向きを変えることができないし、別のボールはもらえない。水がなければ、水を飲まずにいればいい」（著書引用）

ボールを気にしてはだめだ、ボールは替えられないのだから、自分の変えられることに集中しなければならない、と言うのです。まさしくその通りで、あまりの違いがあったとしても、そこにとらわれすぎず、なんとかその難局を乗り越えようとすることからゲームは始まるのです。

体性感覚の大敵、「ボールの違い」に対処する

ボールに対応するチカラ、触覚＝体性感覚を磨く練習

ドリル 1 ソフトテニスのボールで練習

練習前にソフトテニスのボールでラリーをしてみましょう。ミニテニスでかまいません。触覚、すなわちストリングやラケットから手に伝わる感触を感じ取ってください。通常のボールより軽く、柔らかいため、ストリングに乗っている時間が長めに感じるでしょう。

３分ほど打ったら普通のボールに戻し、ソフトテニスのボールで得た感覚をできるだけ呼び戻すように努力します。かなり触覚的に感じとることができるはずです。これでショットの調子が出る場合もありますし、数分間で、あっという間に感覚が消えてしまう人もいます。また、10日も続けると最初のような感覚を手から受け取りにくくなります。その場合は一週間ほど間を置いて再開すると、また触覚を感じ取れるようになります。

テニスボール（左）とソフトテニスボール（右）

ドリル 2 ずっしりとした感覚を手から得る

別のボールでミニテニスをしてみましょう。軟式野球のボールを手投げで出してもらい、ごく軽く打ってみてもいいでしょうし、幼児用の軽く小さいサッカーボール、またプレイ＆ステイ（キッズ、初心者用テニス）で用いるレッドボールなどでもいいでしょう。重いボールを使えば、手の中にずっしりとした感覚が残ります。その感覚が通常のボールで打ったときにも得られるか、追求してみましょう。

軟式野球ボール

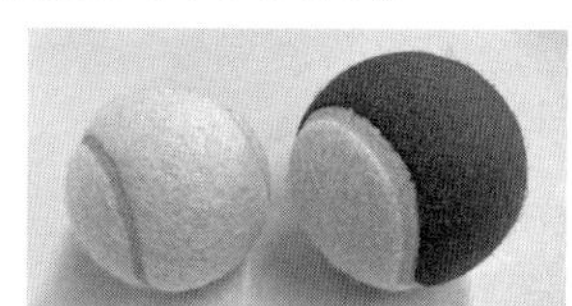
テニスボール（左）とプレイ＆ステイのレッドボール（右）

サッカーボール（幼児用の小さなサッカーボールもある）

ボールが軽い／重い、感覚の違いはなぜ起きる？

前述のように試合球は厳しい基準を乗り越えたものですが、メーカーによって違いがあります。その違いとは、ひとつの単純な要因からくるものではなく、複数の要因が重なり合って感覚に大きく影響してきます。要因ごとに分けて考えてみましょう。

まず、「軽い／重い」という感覚について。実際、ボールの重量には大きな差がありませんが、選手はそのボールの「軽さ」「重さ」を敏感に感じ取ります。

一般的に日本のブランドのボールは海外のものに比べ、バウンドの安定したものが多い印象があります。ラケットを使ってボールを素早く連続してバウンドさせると、その違いがわかります。日本のものは安定して戻ってきますが、海外のボールではときに不安定感のあるものがあります。これは、軽いか重いかの印象の違いに関係しています。不安定なボールはラリーをするとコートに収まりにくいと感じ、打つと軽く感じます。一方、安定したボールでは、しっかりラケット面に乗った感覚があり、重く感じられます。

軽いからダメ、というのではありません。実は一長一短で、軽いボールほどコート面で弾むように感じられ、重いボールほど弾まないように感じられます。また、軽いボールはスピンが効きやすく、重いボールはフラット系の選手に有利です。このように、ボールはテクニックに微妙な感覚の違いを及ぼし、ラリーにおける感覚に微妙な変化を与えます。選手の場合、ときには感覚が良くなったり悪くなったりする場合もあります。

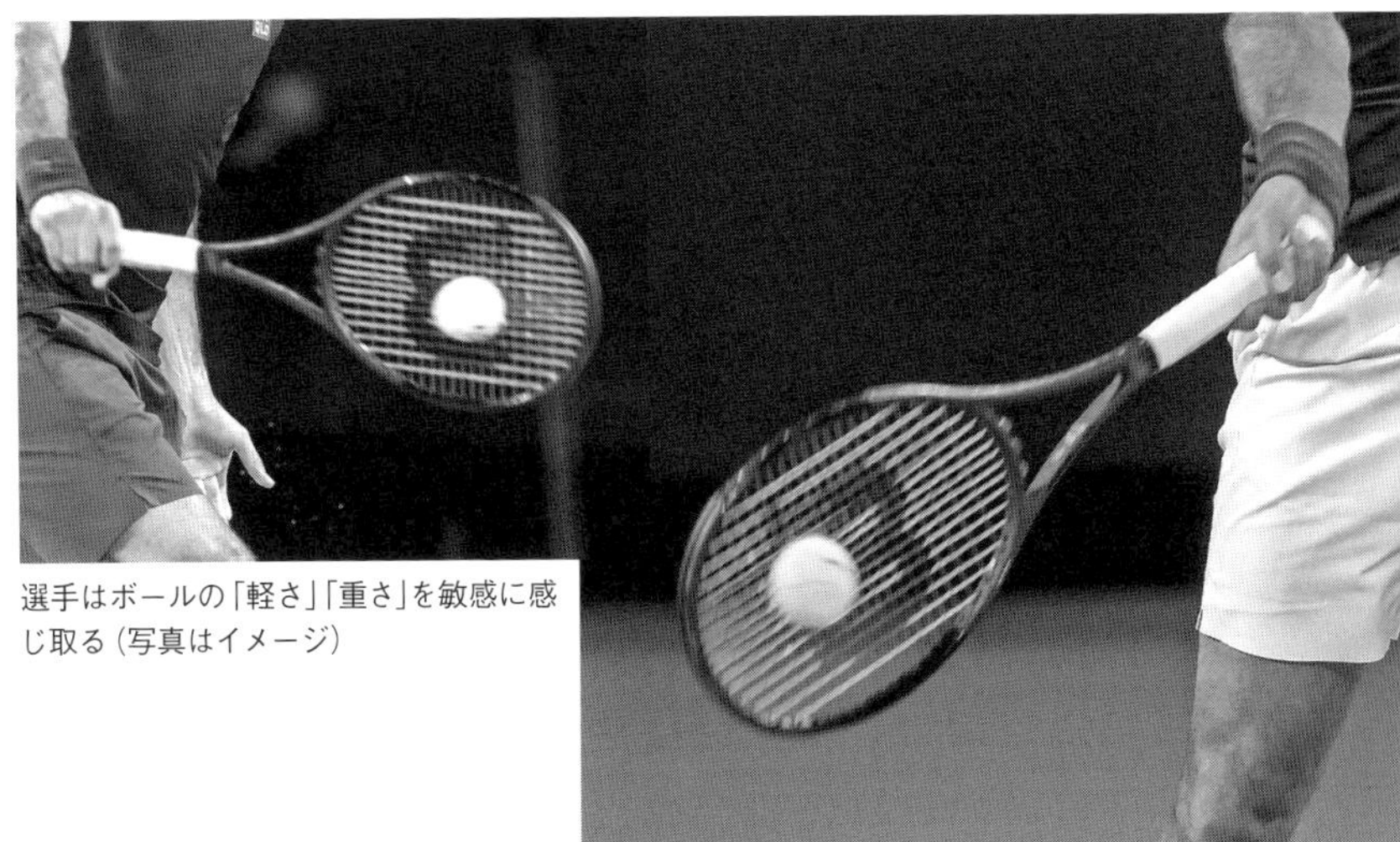

選手はボールの「軽さ」「重さ」を敏感に感じ取る（写真はイメージ）

濡れたボールに対する具体的対策

濡れたボールはかなり重くなります。コントロールはできますが、距離が出にくく、ペースも落ちてしまいます。弾みはどうでしょう。もちろん、あまりバウンドしません。ですが、こんな場合でも試合は行われます。雨対策としてストリングのテンションを2ポンドほど下げたものを用意しておくのがよいですが、用意できないケースもあるでしょう。ならば、トニー・ナダルが言うように（197ページ）、なんとかその場で対処するしかありません。

また、雨で試合が中断、翌日に延期になった場合など、試合球は前日の雨で濡れたまま保管されています。再開前には同じようなボールで練習しておかないと、練習球と試合球のギャップに面食らうことになりかねません。気に留めておいてください。

ドリル 3 ボールを濡らしてラリー

ボールを水につけてからラリーしてみましょう。昨今は、砂入り人工芝コートであれば少し雨が降っていても試合が続行されるケースがあります。それを想定した練習です。手で飛ばそうとするよりも、できるだけ脚のチカラを使ってボールを飛ばすように努めましょう。

また、ボールは弾んだあとも大きく減速します。足のタイミングは大事なので、飛んでこないボールの場合は、ぎりぎりまで後ろ足を決めないで打つことが有効な対策です。また、減速が少ないバウンド直後の早いタイミングで打つ、あるいは、ぎりぎりまでボールを引きつけるなどの対応策があります。

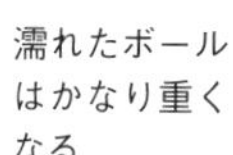
濡れたボールはかなり重くなる

ボールが大きくなる／小さくなる、この異変にどう対処するか

次に、ボールが大きくなる、または小さくなるという変化について考えてみます。ときにボールは湿気やコート表面の粗さなどの影響で、また、表面を覆うフェルトの質によって、使えば使うほどフェルトが膨らみ、ボールが大きくなる場合と、フェルトが削れてボールが小さくなる場合があります。

大きくなるとボールは飛ばなくなったように感じます。読者のみなさんも、雨上がりの砂入り人工芝などでプレーして、ボールが大きく、重くなってしまうのを感じたことがあると思います。このケースでは、ボールが飛ばないと感じて力んでしまうケースがほとんどです。

フェルトが摩耗してしまい、ボールが小さくなったと感じる場合は、ボールが空中でコントロールできなくなったように感じられることがあります。ボールが軽く感じられると、振るのが怖くなってしまうこともあるでしょう。膨らむボールへの対策は、前述の濡れたボールについての記述を参照していただくとして、やっかいなのが、摩耗して小さく軽くなったボールです。その対策を次に示します。

通常のボール（上）とフェルトが膨らみ、大きくなったボール（下）　※イメージ

摩耗したボール飛びすぎてしまう不安とどう戦うか

まずは事前に試合球に慣れておく必要があります。大会前の少なくとも3日間は試合球で練習するようにしましょう。できれば試合と同じサーフェスがいいでしょう。

摩耗のあるなしに関わらず、軽いボールは簡単にアウトしてしまうように感じられ、怖くてラケットが振れなくなってしまう感じに襲われます。もちろん、よく飛ぶので愉快に感じる方もいるでしょうが、飛びすぎて怖い感覚に襲われたら、試合前であれば、ひとまず触覚を取り戻すためにドリル1、2を試してみてください。

試合中なら、手元のボールを相手に渡す際、地面にバウンドさせて、触覚を呼び戻すつもりでていねいに打ってみましょう。怖がるとラケットを止めてしまいがちになるので、余計、ボールがコートに収まりません。スイングはゆっくりでいいので、振りきってスピンをかけることを心がけましょう。

体性感覚の大敵、「ボールの違い」に対処する

やっかいなのはボールの空気圧の低下に気づいていない場合

空気圧が保たれているかそうでないかという問題もあります。気温はゴムの弾力に影響を与え、ボールの硬さにも影響をおよぼします。ボールによっては、30分も打っていると空気圧に変化が生じるものがあります。気温変化も少なく、ボールの圧力も保たれている場合は何も問題はありませんが、ボールの圧力が低下した場合、あなたはボールが飛ばなくなったと感じるでしょう。

飛ばなくなったと感じない選手もいますが、その場合も、ラケット面にボールがうまく乗っている、いい感覚で打てて

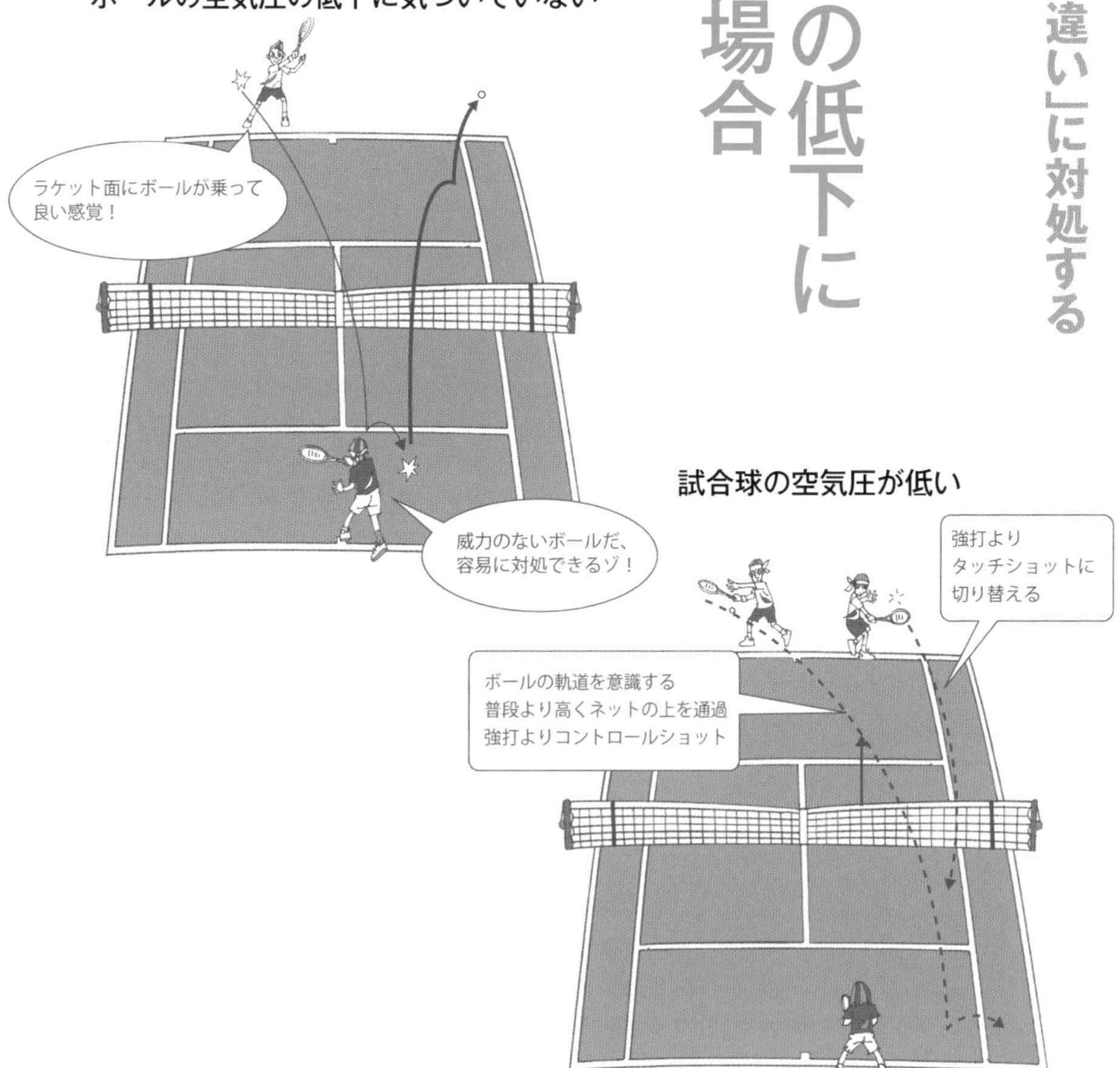

いる、と錯覚している場合もなくはありません。どういうことかと言うと、圧力が下がればボールがストリングに長く接触し、その分、コントロール力が増します。そのことで、うまくいっているように勘違いするのです。しかし、実際にはボールは飛んでおらず、したがって弾んでからのバウンドの威力も低下、対戦相手が容易に対処できるようなバウンドになってしまっています。

注意してほしいのは、レッスンでは、しばしば空気圧が低く、したがってラリーがつながりやすく、音がよいボールを使っている場合があることです。実際の試合球とはかけ離れすぎている場合は、事前に必ず試合球をチェックし、早めに試合球を練習で使うようにしましょう。

実際、試合中に空気圧の低いボールだと気づいたら、以下のことを意識しましょう。空気圧の低いボールは思ったほど飛ばないため、ボールをネットにかけやすくなります。特に下がってパスを打つ場合、ロブを上げる場合などに顕著にあらわれます。そこで、ボールの軌道を意識し、ネット上を普段より高い位置で通過するように心がけましょう。また、あまり下がりすぎないことをおすすめします。そして、強打よりコントロールショットを使ってください。ダブルスでネットのプレーヤーにぶつける強打は、いとも簡単に返されてしまうので、タッチショットに切り替えましょう。

ボールの特性に気候、サーフェスなどの要素が加わり、さらに感覚が変わる

ボールは、そのボール自体が持つ特性だけではなく、気候やサーフェスといった別の要因が加わることで微妙に感覚が違ってきます。会場でほかの選手のフィーリングを参考にしたりして、対処の方法を探りましょう。

また、ボールの違いに翻弄されるようなケースに何度も出くわしたら、事前にストリングの張りの強さ（テンション）を±2ポンドほど調整したものを準備することをおすすめします。ロジャー・フェデラーはナイトマッチで気温が下がるだけでストリングのテンションを変えるそうです。錦織圭選手も±1ポンド刻みで上下させるなど微妙な調整を行います。また、アンディ・マレーのようにできるだけテンションを変えない選手もいます。これらの事例も記憶として残しておいて、自分なりの対処ができるようにすることをおすすめします。

Section 5

“利き手ではないほう”の手が果たす役割

もう一方の腕が連動することで、利き腕はうまく機能する

テニスでは通常、多くのショットで利き手しか使われません（右利きが多数であるため、以下「右手」と表記します）。また、体性感覚を考えたとき、すべての感覚の中で「手から伝わる触覚」は特に優位に働きます。そのため、右手をうまく動かすことに終始気持ちがもっていかれ、ほかのところには意識がおよばないということになりがちです。また、すべてのショットの成功あるいはミスは、右手に関わるものと感じている方も多いでしょう。

ほとんどの動作で、運動する足（または手）とその逆の運動をする足（または手）が存在する

しかし、身体運動の多くはほかの部位と連動しています。「連動を余儀なくされている」と言ってもいいでしょう。簡単に言えば、歩くときや走るとき、自転車を漕ぐとき、泳ぐときなど、ほとんどの動作で、運動する足（または手）とその逆の運動をする足（または手）が存在します。つまり、カラダはすべて連動することで、チカラを効率的に生み出したり、バランスを保ったりしながら支え合って機能しているのです。

写真はさまざまな競技の核心、インパクトに該当する部分ですが、左手（すなわち、打球動作には使わないほうの手、そして実際は大切な動きを支えている手）の位置やその使い方に注目してください。いずれの写真も、左手（右手）はカラダの近くで畳まれているのがわかります。これらが、力を効率的に生み出す連動の一例です。

ドリル 1

トスした左手指をぴんと伸ばす

トスを上げた左手の指をできるだけ伸ばすように努力して、サービスの練習をします。指を伸ばし、指の間をさらに少し広げるようにすると、よりピンと張った状態になります。精いっぱい高い位置まで腕を伸ばしてみましょう。その動作をトロフィーポーズに組み込めると、利き腕の右手の適度な脱力が得られます。サービスで難しい場合は、ごく簡単なロブを上げてもらい、前述の動作を行いながらスマッシュを打ちましょう。

トスアップの手指を伸ばし、指の間を少し広げる

左手（右手）をカラダの近くで畳む動き

フォア側の遠く離れたボール、インパクトで左手はどこに？

左手（非利き手）の使い方がわかってきましたね。ただ当然、テニスはいつも簡単な場面ばかりではありません。そのため、すべての状況下で同じようなテクニックを遂行することは不可能です。左手も状況に応じた使い方が求められます。したがって、あらかじめ、あらゆる状況を想定した戦術的な練習、例えばラリーで相手に動かされた場面を想定した練習をしておくことが必要です。

フォアハンド側に追い込まれた状況を考えてみましょう。走らされた場面でフォアをクロスに返球するには、遠く離れたボールの後ろにラケットをもっていく必要があります。ドリル４の写真を見てください。この状況では非利き手はラケットと反対側（画面左側）にあるのがわかります。腕を畳むような動作は見られません。ラケットをボールの後ろにもっていくためには、非利き手を伸ばし、バランスをとる必要があったからです。

ドリル 2 左胸にサッカーボールを抱え込む

スマッシュで抱え込むような左手の使い方を覚えましょう。子供用の小さなサッカーボールなどを用意し、左の手のひらで左胸のあたりに抱えます。この状態で、ロブを上げてもらい、まさに打とうとする瞬間に左手でサッカーボールを胸のほうにしっかり押してください。上体の動きを止めるような左手の動作がわかってくるはずです。

スマッシュで、左手を抱え込む使い方を覚えよう

ドリル 3 ぴんと伸ばしておいた左腕を畳む

グラウンドストロークでドリル1と同趣旨の練習をします。腰から胸の高さに弾む簡単なボールを出してもらい、フォアハンドで打ちます。このとき、サービスのドリルと同様に左手の指を伸ばし、さらに肩（腕の付け根）までぴんと伸ばしてみましょう。そして、左腕を畳んでカラダを止めるような動作を試してみましょう。

ぴんと伸ばした左腕を畳んでカラダを止める

ドリル 4 フォアの遠いボールを打つとき、非利き手の位置は？

非利き手でバランスをとる

フォア側に遠いボールを出してもらい、クロスに返球する練習をしましょう。多くの選手は、遠くに走らされ、利き手がぎりぎりに届いた状況だと、非利き手を前に持っていく十分な時間がありません。その場合は、写真のように非利き手を伸ばしてバランスをとります。

ドリル 5 “走る”ことに重きを置いて準備

遠くへ走る動作とラケットを引く動作は、どのように調和をとるべきか、写真にヒントがあります。ラケットを引くよりも走ることを優先し、肩や腕を目いっぱい振って走ること。このような姿勢、左足と右足の関係、右手と左手の関係をつくってからボールのところへ走ってみましょう。そうすると、以前より速く到達できること間違いなしです。ボールを遠くに出してもらい、練習しましょう。次に、スプリットステップからスムーズにこの状態に移れるように努力しましょう。カラダをコントロールする（操作する）能力が必要です。

ラケットを引くよりも走ることを優先

“利き手ではないほう”の手が果たす役割

スライスでのカラダの向きは、ネットと「平行」ではなく「直角」

次に片手のスライスやバックハンドボレーのテクニックについて説明します。両手打ちでバックハンドを打つ方が多いので、これらのショットでの左手の使い方は難しい課題になっていることでしょう。

まず、写真で両手打ちストロークのインパクトでのカラダの向きを見てください。両肩を結ぶ線がネットとほぼ平行なのがわかります。一方、片手スライスの場合は、カラダがネットと平行ではなく直角に近くなっているのがわかります。

両手でバックハンドを打っている方は、片手のスライスでも両肩を前に向けたがる傾向があり、どうしても左手がカラダの前に出てきます（イラスト）。すると、走らされて打つ場面では、走る方向に両腕が出ていって、重心も同じ方向に移動してしまいます。したがって、打ったあとにバランスをキープするのがかなり難しくなってしまいます。また、カラダが前に向いていくことで腕が取り残され、チカラが入りやすいポイントで打てなくなってしまいます。そこで、ドリルで左手の使い方を練習しておくことをおすすめします。

片手打ちバックハンドスライスのインパクトでは、両肩を結ぶ線がネットと直角

両手打ちバックハンドのインパクトは、両肩を結ぶ線がネットとほぼ平行

両手打ちバックハンドの方は、片手のスライスでも両肩を前に向けたがる傾向があり、左手がカラダの前に出てくる

ドリル 6 左手で逆方向にボールを投げる

簡単な片手スライスの練習です。 あまり走らないで済むような簡単なボールで練習します。ボールをヒットしにいくと同時に、左手を反対側のバックフェンスのほうに引いてみましょう。うまくできない場合は、左手にボールを持ち、ラケットがインパクトに向かっていくのにタイミングを合わせて、ボールをバックフェンスのほうへ投げてみましょう。

左手をバックフェンスのほうへ引く

非利き手にボールを持ち、打球時にそのボールをバックフェンスのほうへ投げる

ドリル 7 ネットに背中を向けた形での返球

追い込まれたときのスライスでは、左手はネットと平行になるくらいまで伸ばされる

スライスは相手のペースを乱す場合だけでなく、 ディフェンスで使うことも多いショット。厳しい状況に追い込まれると、左手はバックフェンスのほうへ向けることさえ難しくなってしまいます。イラストでは、ラケットをボールの後ろにもっていくために左手はネットと平行になるくらいまで伸ばされています。ちょうど、フォアハンドの厳しいクロスの処理の裏返しです。ボレーでも同じで、 厳しいボレーと踏み込めるボレーでは左手の位置が変わってきます。

さて、 厳しい状況でのスライスのドリルです。 厳しいところにボールを出してもらいましょう。このとき、左手を意識すると自然とネットに背中を向けた姿勢になり、 ラケットを持った右手が自然にボールの後ろに回ります。また、返球しやすいポイントに右肩が入り、 しかも打ったあとによいバランスが獲得できます。実際にやってみてください。

Chapter 6

運動連鎖

Section 6

グラウンドストロークにおける運動連鎖

パワーは地面から足、膝、腰、上半身へと伝達される

ここまでに、「ラケットを加速させ、ボールにスピードを乗せるプロセス」あるいは「ボールに力を乗せるプロセス」において、「ハンドスピード」までは順を追って説明してきましたが、次の「運動連鎖」については概略を紹介しただけでした（109ページ参照）。運動連鎖は言うまでもなく、プロセスにおける重要なステップです。

みなさんがプロセスを進めていく中で、打点やチカラを入れるタイミングが上達したら、次は、もっとボールにチカラを乗せるために、大きな筋肉にいかにチカラをため込むか、そのパワーを腕から手、さらにラケットにうまく伝えることができるかがポイントになっていきます。すなわち運動連鎖の学習ステップに入ります。

加速に関係するカラダの使い方、すなわち運動連鎖を示したのが図Aです。足から膝に伝わった力は、お尻の部分、すなわち股関節が受け継ぎ、より大きなエネルギーを生みます。力は股関節から上体へ伝わり、肩へ、肘へ、最後にリスト、ラケットへと大きなチカラとなってパス（受け渡し）されていきます。

ここでは示されていませんが、パワーの受け渡しのすべては、地面を蹴ったチカラの反動で、地面が逆に足裏を押し返すことで始まります（地面からの反力）。そのため、まずは、しっかりと後ろの足を踏ん張ることが必要です。

すなわち、踏ん張って地面を蹴った足から膝→腰→上半身へとチカラが最適なタイミングで伝わってこそ、腕で操作するラケットへとチカラが加わっていきます。この順序と最適なタイミングを表したものが、図Aの矢印です。

カラダが生み出すリズムと、タイミングのいい受け渡しが運動連鎖のキモ

チカラの伝達がうまくいっていない状態を模式的に示したのが図Bです。左側は、次の運動へ移るタイミングが遅すぎるのを表したもの。一つの運動が完結してから次の運動が始まっています。右側はタイミングが早すぎる場合を表しています。複数の運動がほぼ同時に始まっています。どちらも、チカラが最大値になったところでそのチカラをパスできていないため、最高加速が得られません。実際の動作に置き換えれば理解しやすいでしょう。

初期動作に限れば、手と足が連動することで成り立つ「縄跳び」を例に考えるとわかりやすいでしょう。縄跳びでは、回転している縄が足元にくる一瞬手前で跳べば、腕をリズムよく振ることができます。ところが、早く跳んでしまうと腕の動きを早くする必要が生じ、リズムは壊れ、腕の動きにともなう縄の「たわみ」もできず、下手をすると急いで振り下ろした縄が足にかかってしまいます。反対に跳ぶのが遅すぎても、同じように腕のリズムを壊す結果となり、縄は遠心力を失います。

これをグラウンドストロークの打球動作に当てはめれば、後ろの足が地面を蹴る瞬間をヒッティングのタイミングに合わせる必要がある、ということになります。つまり、ヒッティングポイントでの腕の運動は、(意外に思う方もいるかもしれませんが)足とカラダから生まれるリズム、また、リズミカルな運動連鎖の影響を受けているのです。

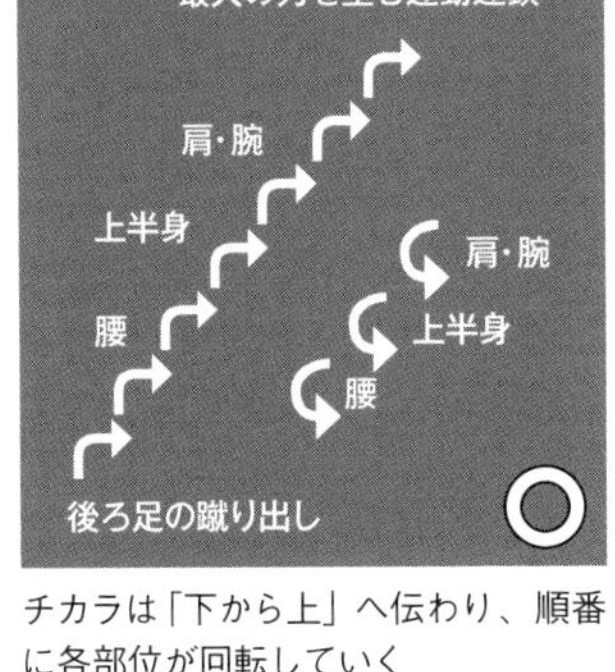

チカラは「下から上」へ伝わり、順番に各部位が回転していく

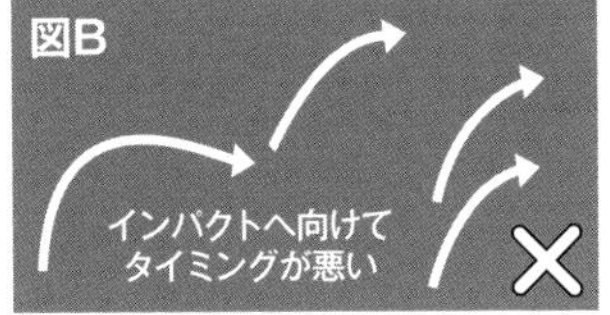

左は次の運動へ移るタイミングが遅い、右はタイミングが早すぎる

大きな筋肉から小さな筋肉に力が伝わっていく。足から前に、上に、外へ(中心から外へ)。チカラを伝えるタイミングが大切

狂いのない小さなフォームから、カラダを使った大きなモーションへ

イラストは、ボール投げ動作でどのようにカラダが関与していくかを表したものです。このように、カラダの関与の仕方は学習過程で変化していきます。腕だけしか動かないフォームだったものが、カラダが徐々にボールを投げる行為に関与し始め、大きなモーションになっていくのがわかります。子供でも大人でも、学習していく中で徐々に大きなモーションを手に入れ、そのことが上達につながります。

ただ、大きなモーションの習得には時間がかかります。そこで、テニスを始めたばかりの方やトレーニングが浅い場合、あるいは予測力が身についていない段階では、大きなモーションは振り遅れの原

ボール投げの動作にカラダはどう関与していくか、左から右へ見てほしい

空気圧の低いボール（10歳以下の導入プログラムで使う「グリーンボール」や、使い込んで空気の抜けたボール）を使って、大きなフォームで遠くへ飛ばす

因となるため、関節を動かさないで小さなフォームで打つ必要に迫られるのです。

このことから、よりダイナミックな大きなフォームで打てるようになるには、予測すなわち引き始めを早くする必要があり、ある程度コースが読めるようになってきた段階からの次のステップと考えてください。その段階にきていれば、おそらく筋力もある程度つき始めているため、大きなフォームにしても振り遅れることなく、タイミングよくラケットをインパクトへと導くことが可能でしょう。このように、段階的な学習は欠かせないため、プロセスをしっかりと進めていく必要があります。

ドリル　小さなフォームから大きなフォームへ

まずはサービスラインの少し後ろに立ち、(球速や深さなどの) ボールストレスのない状況でミニテニスを行います。次に少し下がって、打球のペースを速くしても、できるだけ同じフォームで打てるように心がけます。徐々に下がっていきましょう。

運動連鎖は、大きな、リラックスしたフォームから生まれます。そこで今度は、球速によるストレスのない状態で大きなフォームを身につけます。 球速を抑えるために空気圧の低いボールを使いましょう。大きなフォームで打つには十分な時間が必要だからです。

また、自分の時間を増やすために普段よりベースラインから下がり、大きなフォームで遠くまでボールを飛ばすことを心がけましょう。その後、通常の位置に戻り、通常のペースで打ちます。その際もゆったりとした大きなフォームを保つ努力をしましょう。

Section 7

爆発的な運動連鎖を生む「割れ」動作

ひねりは必要だが、大きすぎると本末転倒

運動連鎖は槍投げに大きなヒントがあります。ひとつ目のヒントは、狙った方向に正確にラケットを出すこと、すなわち、ラケットをテークバックする位置の問題です。

運動連鎖とは、単純に言えば「カラダを大きく使うこと」ですが、これはカラダをひねることから始まります。槍投げはできるだけ遠くへ槍を投げる競技ですから、選手は助走で勢いをつけ、カラダを大きくひねって投げます。長い槍を持っているので、ハンマー投げのようにカラダをくるくる回して投げることはできません。また、ひねるにしても好きなだけひねったのでは槍があらぬ方向へ向いてしまい、思った方向へ真っすぐ投げるのは困難です。これはテニスでも同じです。

すなわち、槍がリリースポイントから遠ざかりすぎると、思った方向へ投げられないのと同じで、ラケットがあまりにヒッティングポイントから遠ざかってしまうと、ボールに正しく当てることができません。ひねりは大切ですが、大きすぎると本末転倒です。そこでテークバッ

槍投げに運動連鎖の大きなヒントがある

理想の運動連鎖は、後ろ足のつま先の向きが90度以上広がることはない

クは、右利きの場合、ラケットを持つ手はフォアハンドならカラダの右に（槍投げを参考に）、バックハンドならカラダの左にあるように努めましょう。

鍵は、後ろ足のつま先の向き

ふたつ目は、ひねりを生み出すための、後ろ側の足の使い方。つまり、後ろ側の足のつま先を横に向ける（狙う方向に対して90度くらいの向きにする）動作です。

槍投げの選手は、スローイングに正確を期すために、槍を狙った方向へ向けた状態を保って走り出します。そうして、投げる直前にステップを踏み替え、ひねりが生まれやすいように下半身の位置を変えています。十分な加速を得た上で、最後にカラダにひねりを加えるのです。野球のバッターやピッチャーにも同じような動作が見られます。後ろ側の足のつま先の向き（横向き）に注意して写真をご覧ください。

この動作によって、下半身にしっかりしたひねりが生じます。カラダの柔軟性によって個人差は若干ありますが、後ろ側の足のつま先の向きは、運動方向から90度以上に広がることはありません。

上半身があとに残り、下半身が進んでいくカラダの使い方「割れ」

例えばサービスを打つとき、ひねってチカラを蓄えるために、後ろ側の足のつま先をコート後方のフェンス側に向けたとしましょう（イラスト）。カラダは簡単にひねることができます。しかし、つま先が安易に促したひねりのスペースは、股関節や胸郭のひねりをあらぬ方向へ導いてしまい、あなたのラケットをもっともっと打点から遠ざける結果となります。要は、大きすぎるテークバック、ラケットの引きすぎです。グラウンドストロークでも同じことが言えます。

槍投げの選手や野球のピッチャーのように、後ろ側の足のつま先を狙う方向に対して90度の範囲にとどめれば、ひねりすぎることはありません。さらに、フォアハンドならラケットを持つ手をカラダの右側にとどめておくことで、引きすぎを防ぐことができます。

つま先を後方に
向けると……
問題発生

運動連鎖が上達する段階的学習法

では、大きなテークバックや引きすぎに注意して、十分なひねりをつくり、運動連鎖を生かすことは可能なのでしょうか。

投球フォームをご覧ください。どんなにカラダをひねっても、リリースポイント（テニスで言えば打球点）に向けての動きは下半身が先行していきます。キャッチャーミットのほうへ、テニスで言えば対戦相手のほうへ、下半身から動き出すのです。このように、上半身があとに残り、下半身が進んでいくカラダの使い方は野球など多くのスポーツで「割れ」と呼ばれているもので、カラダのひねりや運動連鎖におけるキーポイントのひとつで

Step 1 横に追わず、前に向かってステップする

テニスは最初の段階からボールを横に追いかける練習が多くなりがちです。多くのコーチがおかしやすいミスとして、最初から、プロが守るのと同じスペースを初心者にも容赦なく要求してしまい、ある程度のエリアをカバーすることを前提に練習を進め、横に追いかけるシーンが多くなって、前にステップして打つ練習が怠りがちになります。

そこで、次の要領で、横に追うことをある程度抑えつつ、踏み出して打つことを覚えるといいでしょう。図は10歳以下の子供たちを対象とした指導プログラムで、段階を追ってコートでの動きをマスターさせる手順です。 矢印がプレーヤーの動きと打球点を表します。レッド、オレンジ、グリーンとステージが進むにつれて動くエリアが広がります。こうして段階的に進めれば、よいフォームを保ったまま、コートの広いエリアをカバーできるようになるでしょう。どんな年齢でテニスをスタートしたとしてもこの手順は守られるべきです。

注目は、 レッドステージの段階からコートの中に踏み出してボールを打たせていること。この練習が欠けて、横へ追いかける癖がついてしまうと、のちのち、よいタイミングでボールを打つことができなくなってしまいます。

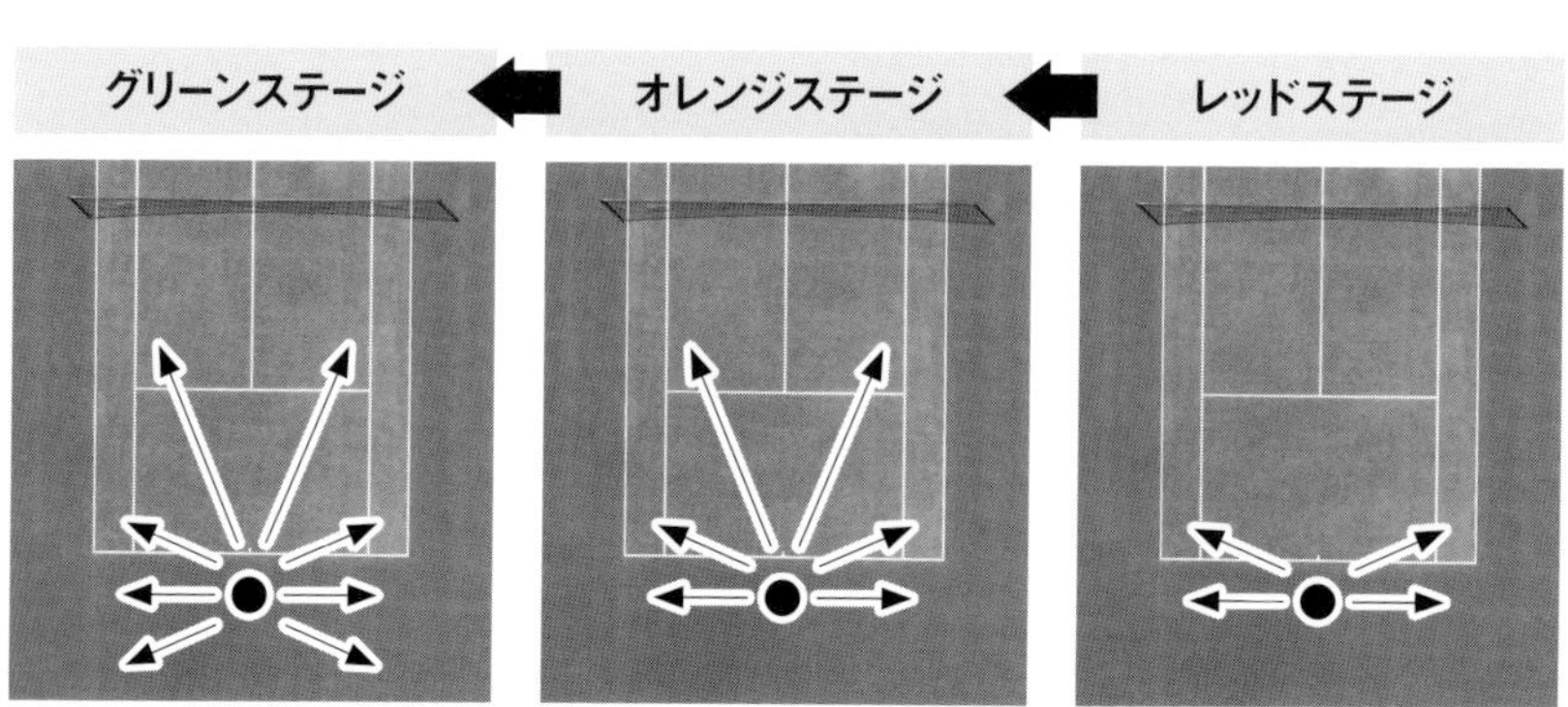

す。このカラダの使い方を身につけるには、以下の手順で練習を積み重ねていく必要があります

上半身があとに残り、下半身が進んでいくカラダの使い方は野球など多くのスポーツで「割れ」と呼ばれている

Step 2 後ろの足のつま先を前に向ける

後ろ側の足のつま先を前に向けることで、おのずと下半身に制御がかかり、ひねりにくくなります。そこで上体、すなわち胸郭のひねりが必要になり、より肩を使って打たなくてはならなくなります。つま先が前を向いているので、拇指球にしっかりチカラを乗せていれば、膝も前を向きます。それにより骨盤のひねりが制限され、ボールをしっかり打つには上体のひねりが必要不可欠です。まずはミニラリーやウォームアップラリーなど簡単な条件のもとでやってみましょう。

Step 3 動いても、後ろの足のつま先を前に

後ろ側の足のつま先を前に向けることを心がけ、少し広範囲に動いて打ってみましょう。横に動いた場面でもできるだけ同じように打てるようにしましょう。後ろへ下がって打つ場面ではつま先はフェンス方向を向きがちですが、コートの中に向くように努めます。

Step 4 下半身が進み、上半身は逆に引かれた「割れ」の状態に

よりしっかりしたひねりを促すために、テークバック開始時点で右足をネットと平行になるように着いてください。そこから足を踏みかえ、つま先をやや前に向けて下半身の動作をスタートさせます。これができれば、ひねられた下半身が先に動き出す「割れ」のコツをつかむことができます。すなわち、前にいく下半身の運動と、テークバックの過程にある（まだ完了していない）　上半身の動きがそれぞれ逆方向に働き、大きなチカラの貯えが発生するのです。この「割れ」がうまくつくれると、運動連鎖は一気に上達するでしょう。

下半身が先に動き出す「割れ」の状態

Chapter 6

運動連鎖

Section 8

カラダの向きや肘を意識して運動連鎖をグレードアップ

後ろの足のつま先は打球方向に対して90度以内で、「踏み替え」も行う

運動連鎖のスタート地点、足（打球方向に対して後ろ側の足）のつき方＝セットの仕方についてです。後ろの足（右利きのフォアハンドなら右足）のつま先を横に向ける、つまり、狙う方向に対して90度くらいの向きにすることでカラダにひねりが生じます。

さらに、この足を少し踏み替え、つま先をやや前に向けて下半身の動作をスタートさせます。この踏み替えが、よりしっかりしたひねりを促すのです。

この足のセットの仕方を習得することは、なかなか一筋縄ではいかないでしょう。そこで以下の手順で、自分

ネットと平行についた後ろ足（左ページ）を踏み替えて、つま先をやや前に向けて着き、ひねりを促す

の動きの中に「足のセット」が徐々に染み込むように努力してみてください。実際、足の向きなど気にしていたら思うようなゲームはできません。最終的には自動的に足がセットできるように練習しましょう。

後ろ足のセット 段階的ドリル

1 ボールを横に追わない。
できるだけ前に向かってステップする
(カラダに近い範囲のボールで練習)

2 後ろ足のつま先が前に向くようにコントロールしながら、
ラリーを行う

3 後ろ足のつま先を前に向けることを意識しながら、
少し広範囲に動いて(下がったり、横に走ったり)打ってみる

4 しっかりしたひねりを促すために
「踏み替え」を習得する(下記写真)。
テークバック開始時点でネットと平行になるように
後ろ足をつく。そこから足を踏み替え、
つま先をやや前に向けた状態で、
打球方向に向けて下半身から動き出していく。
こうして、上半身が後ろに残って
下半身が先に進む「割れ」の状態がつくられる

テークバック開始時点でネットと平行になるように後ろ足をつく

カラダの向きや肘を意識して**運動連鎖**をグレードアップ

後ろ足のセットは技術的にも戦術的にも大きな意味がある

後ろの足のセットは打球動作の中では些細な一部分ですが、技術的にも戦術的にも大きな意味があります。最初の動作の「前に向かってステップ」（216ページ参照）を意識していれば、みなさんは「ボールを前でとらえる」ことができるはずです。これは〝陣地取り〟の要素があるテニスでもっとも大切な戦術のひとつです。つまり、これを練習するみなさんは、テクニックと同時に戦術を自然に学ぶことになります。

テクニック同様、戦術も頭で考えなくても自動的に遂行できることが大切です。すなわち、プレーヤーには戦術的オートマティズムが求められます。

みなさんがアドバンスクラスに進むには、また、ジュニア選手が次の段階に進むには、繰り返し練習して覚えた（自動化した）テクニックを意識して直すことも必要です。正しく覚えられなかったテクニックや戦術を、〝自動的でないプレーを経験しながら〟学び直すのです。これはテ

テニスには“陣地取り”の要素がある。だからこそ、「前に向かってステップ」は常に意識していたい

腰のひねり戻しで、上体は腰と胸が狙った方向に正対する形となり、腕が前に飛び出してインパクトに向かう

ニスに限らず、スポーツの上達には避けて通れない壁となります。もちろん最初からベストのフォームや戦術を覚えられれば一番いいのですが、それはどんな選手にとってもたいへん難しいことです。

ロジャー・フェデラーでさえジュニア期にバックハンドのトップスピンを完全にはマスターできず、多くのショットをスライスでカバーしてきました。あとから意識してプレーを良くしていくのは、彼にとっても非常に難しいチャレンジだったと思います。一度自動化されたショットを改良または新たに学び直し、それを再び自動的に行えるようにするには、今まで以上に努力を積み重ねることが求められます。それらを踏まえ、「後ろの足のセット」にぜひ取り組んでみてください。

打球方向に胸、腰を正対させた形でのインパクト

しっかりしたひねりを促すために「踏み替え」をする。最初は後ろ足がネットと平行になるようについて動くが、その後、つま先をやや前向きにつく

運動連鎖をさらにアップグレードしていきましょう。後ろの足のつま先を前に向け、骨盤の動きに制御をかけて上体の大きなひねりを生み出しました。ここからインパクトに向けて、より大きくカラダを使ったフォームを手に入れましょう。

足から生み出されたチカラは、まず、腰のひねり戻しに伝わります。そして腰の回転が止まると、パワーは上体のひねり戻しに伝わります。さらに上体が止まり、腕が前に飛び出してインパクトへ向かいます。

インパクトでは、腰と胸が狙った方向に正対しているのがわかります（写真）。良い体勢で打っているときはこの形になります。普段歩いているときに腰と胸が進行方向に正対するのと同じです。スタンスに違いがあったとしても、カラダの向きは同じ位置です。まず腰が止まり、それに追いつくように上体、すなわち両肩を結んだ線が正対して止まります。そうして腕に効率よくエネルギーが伝わっていきます。

肘は終始、カラダの前 カラダの後ろに引き込むのはNG！

腕に効率よくエネルギーが伝わっていくと、腕、すなわち肩と肘とリストを結んだ線はほぼ直線になり、これが打球方向への面の角度をつくって、正確なコントロールにつながります。これは両手打ち、片手打ちのバックハンドでも同じです。

運動連鎖で下半身や上体から大きな力をもらい受けると、ともすれば振り遅れが発生しますが、これは簡単な方法で防ぐことができます。テークバックが完了している連続写真を見てください。今まさに打ちにいこうとしている場面です。

テークバックで、肘は両肩を結んだ線より背中側には、いっていない（肘を引き込んでいない）

フォワードスイングでは、肘が両肩を結ぶ線より前にあることで振り遅れず、前に出てくる

インパクトで、肘は胸の前にある。腕、すなわち肩と肘とリストを結んだ線はほぼ直線になり、これが打球方向への面の角度をつくる

この瞬間の肘の位置に注目し、さらに、その後の肘の位置を私の視点に沿って観察してください。インパクト時では当たり前のように肘が胸の前にあります。また、打ちにいこうという時点でも肘は胸の前にあります。少しわかりにくいかもしれませんが、肘は両肩を結んだ線より背中側には、いっていない（肘を引き込んでいない）ことを理解してください。

ドリル

肘の位置を意識してスイングする

テークバック時も肘は胸の前に（写真○）。振り遅れにくく、インパクト時に肘を胸より前に持っていくことができるからです。肘が前にあればボールを左右にコントロールしやすくなります。これはサービスやボレーでも同じです。

テークバック時に肘を胸より後ろに引いて、胸と肘の関係を大きく変えてしまうと、肘を前にもっていくために余分な動作が必要になり、手打ちや振り遅れの原因になります。

両手打ちのバックハンドでも、左手の肘が両肩を結ぶ線より大きく引かれていると（写真×）、インパクトに向けて左肘が出にくくなります。とはいえ、それをやろうとして脇を固めすぎるとボールを飛ばすことが困難になるので、がっちり固めるのではなく、位置を少し意識する程度がよいでしょう。

両手打ちバックハンドでも、左手の肘は両肩を結ぶ線より背中側に引かないように

Chapter 6
運動連鎖
Section 9

ダイナミックにカラダを使う極意「Cシェープ」

胴の部分が前に出て、カラダ全体が「C」に

運動連鎖を利用したダイナミックな打ち方を考えてきましたが、その中でも大きな部分に言及します。まず、テニス以外の競技の写真をご覧ください。バレーボールのスパイク、ゴルフのティーショット。いずれも、テークバックが終わり、今まさに打ちにいくところです。両方に共通する部分があるのですが、みなさんはピックアップできますか?

その共通点とは、「カラダ（胴の部分）が優先的に動いている」ことです。バレーボールのように跳び上がって空中で打っているものでは、胴の部分が前方に出て、カラダ全体がローマ字の「C」の形になっ

バレーボールのアタック。足が宙に浮いてフリーな状態で打球するバレーボールは、胴の部分が先に前方へ出るのが顕著

弓道で弓を引き絞ったところ。「弓なり」はキーワードになる

ゴルフのドライバーショットも胴の中心部である腰が優先的に前に動いている

ているのが顕著にわかります。ゴルフの場合も胴の中心部である腰が優先的に前に動き、バレーボールほど顕著ではありませんが、やはり「C」の形になっています。

パワーを発揮するためのカラダの使い方「Cシェープ」

もちろんこれは、チカラを十分に発揮するためのカラダの使い方です。どの競技でも、ボールをしっかりと目でとらえなくてはならないので、頭の位置は固定されています。その上で、パワーを発揮しようとするために胴の部分が優先的に動いていきます。

バレーボールは足が宙に浮いてフリーな状態ですから、カラダ全体がまさしく「C」の形になっています。ゴルフでは、頭の位置が固定され、スタンスもまたしっかり固定された状態から、腰が優先的に前に動いて「C」の形を作っています。このように、胴の部分が優先的に前に出ていく形、すなわち「Cシェープ」(私が造った言葉)には、カラダからパワーを発生させる秘密がありそうです。

では、テニスで見てみましょう。まず、左足が前方に移動する一方で、頭の位置は固定されます。頭にはボールを見るための両目が付いていますから、これが簡単に動いてしまっては、ボールを視覚でしっかりとらえることができません。そこで、頭が固定された状態で、体重が打球方向へと移動し始めているのが腰の動きでわかります。スタンスもビシッと決まっていて、足がしっかりと地面をとらえています。まさしく微動だにせず、という感じです。

そして、打ちに行く直前からインパクト付近では、他の競技と同様、まさしく「C」の字を描くようにカラダが弓なりになっています。

体重が打球方向へ移動し始め、弓のようなカラダの「しなり」によってラケットを持った右腕が前へ飛び出していく、そんなイメージだ

まず「後ろの足のセット」、次のステップが「Cシェープ」

複数の競技から共通するカラダの使い方を見てとり、「Cシェープ」を意識するだけで、ボールは格段にダイナミックな飛びを見せるようになります。Cシェープは、パワーを生み出す極意のひとつと言っていいでしょう。

実際、Cシェープという形やその効果は、いろいろな要素が複雑に絡み合って形づくられるものですが、まずはさまざまな制限がある中で確実にボールをミートし、同時に最大のパワーを発生させるための身のこなし、秘訣であると理解してください。

「お腹を突き出す」「頭を固定する」「胸を張る」自分なりに意識して

私たちといっしょに練習やトレーニングを積む選手たちも、Cシェープを取り入れています。選手たちの意識づけの仕方はさまざまです。「お腹を突き出すように」と意識しているプレーヤーもいれば、「頭を固定し、じわじわ体重を移動する」

前傾姿勢、腰が引けた状態。ここから変わるために、Cシェープを意識しよう！

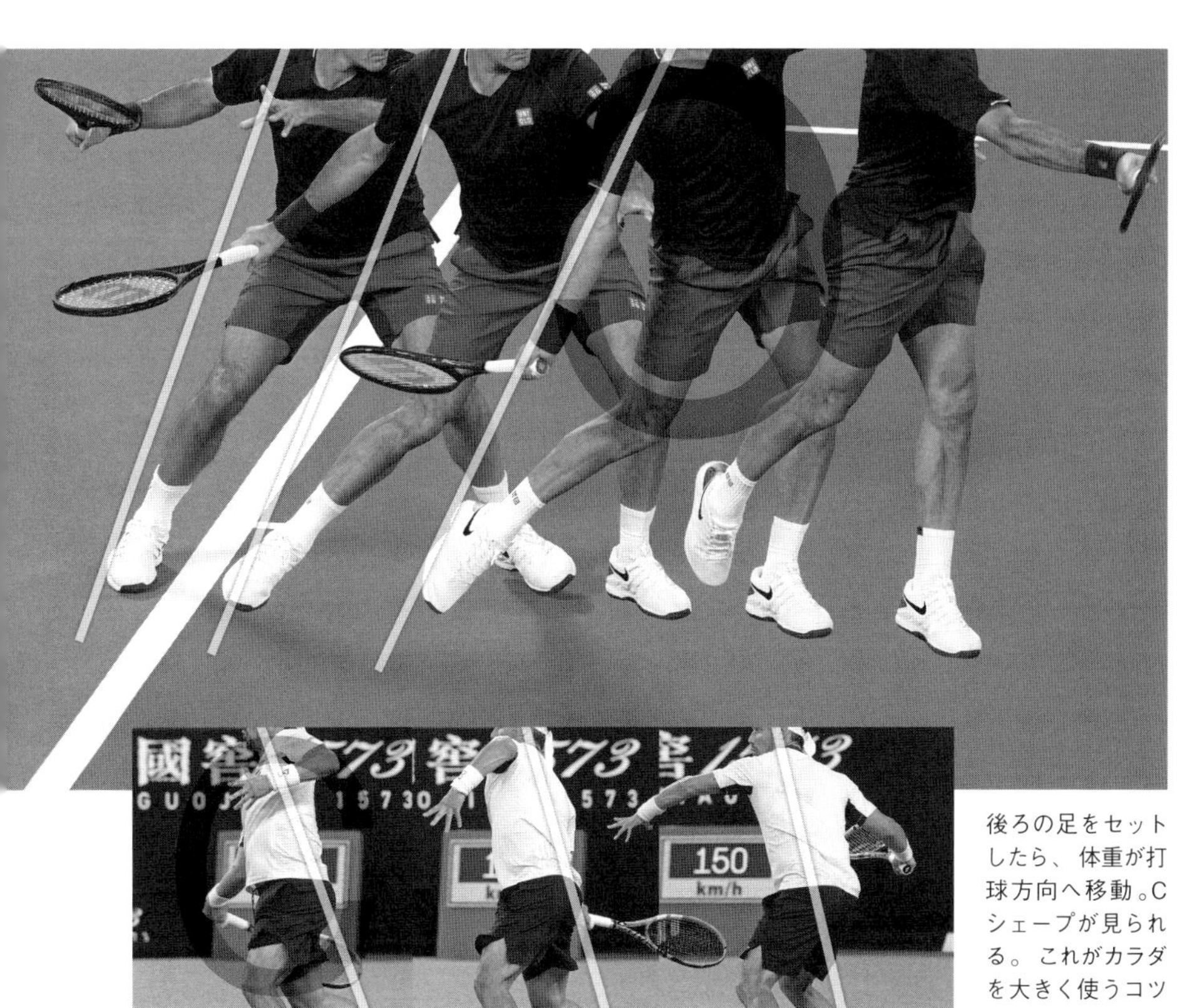

後ろの足をセットしたら、体重が打球方向へ移動。Cシェープが見られる。これがカラダを大きく使うコツだ

と、この動作を表現するプレーヤーもいます。私自身は「胸を張る」意識をもっています。胸を張るという動作は、胸郭の反りを生み出します。腰が引けた姿勢ではなく、腰がやや前方にあったほうがこの「胸郭の反り」を実践しやすいのです。つまり、胸を張る意識がCシェープを促すというわけです。

みなさんの最初の構えは、Cシェープとはほど遠い形になっていると思われます。ほとんどの場合、重心を下げること、または初期動作を素早く行うためにスクワットポジションの前傾姿勢をとることから打球動作が始まります（右ページ参照）。つまり、テニスはCシェープと相反する形から動作を起こす場合がほとんどなのです。そのため、一般プレーヤーでは、前傾姿勢のまま、つまり腰が引けた状態でボールを打ってしまう方が多く見受けられます。

「C」の形、あるいは「お腹を突き出す」「頭を固定する」「胸を張る」といった言葉を意識して、Cシェープにトライしてください。

サービスのトロフィーポーズの中にもCシェープが隠れている

イラストと写真は、テークバックが終わり、まさに打ちにいく瞬間をとらえたものです。この形は「トロフィーポーズ」と呼ばれます。カラダが反ってCシェープになっているのがわかります。まさしくカラダを「弓なり」にして、カラダ全体を利用してサービスに威力を出そうとしています。極言すれば、このトロフィーポーズがつくれればサービスはほぼ成功したと言え、あとは正確なトスを上げるのみ、とさえ言っていいでしょう。

このようなトロフィーポーズ、Cシェープをつくるには、足を大きく動かしてはならないという制約の中で、体重移動と

サービスのトロフィーポーズ

カラダの反りを実現させなくてはなりません。そのためにトッププロがどのような工夫をしているか、探ってみましょう。

腕やラケットを使った「導入動作」からモーションを起こす

トロフィーポーズでしっかり反った状態、Cシェープをつくるためには、その前の「反動」ともいえる導入動作が必要です。導入動作の重要性を知ってか知らずか、多くのプレーヤーは腕を反動に使います。これは、垂直跳びや立ち幅跳びで「腕の大きな振り」を利用して、より高く、または遠くへ跳ぼうとするのと同じで、Cシェープをつくるための大切な事前動作となります。

女子選手や女性プレーヤーに比較的多く見られるのが、サービスモーションの最初にラケットを高く掲げる形です（写真）。ラケットが落ちていく反動を利用してモーションを起こしやすくしているのです。ただし、最初の構えが高すぎると、ラケットに反動はつきやすい反面、トロフィーポーズに入るまでに時間がかかりすぎてしまい、途中からラケットを速く回さなくてはならなくなることがあります。これでは、トロフィーポーズの直後に訪れるラケットヘッドの加速が必要な場面で、逆に減速してしまう場合があり、注意が必要です。

かつての女子選手に多く見られた、サービスモーションの最初にラケットを高く掲げて、落ちていく反動を使うテークバック

最初の構えはやや低めに、腕の振りで反動をつけ、カラダをひねりトスアップ。カラダの反りをつくっていく

自然な体重移動が滑らかなモーションを生む

構えを2つ見てみましょう。ひとつは、お尻を少し後ろに引いた状態でラケットを構えています。この構えをつくることにより、体重が後ろ→前に移動し、トロフィーポーズ、Cシェープに入るための運動（モーション）が起こしやすくなります。

もうひとつは、前の足にすべての体重を乗せて前かがみになり、その反動で一度後ろに体重が乗り、さらに前方へと体重を移動させます。前→後ろ→前と、あたかもゆりかごが揺れるかのように、ゆったりと前後に体重を動かして、滑らかなサービスモーションを獲得しています。

このように、体重を前後に移動させる動作の中にうまくスイングをはめ込むことができれば、動作を起こしやすく、最終的にサービスがより力強くなります。選手によってさまざまなタイプがあり、形はひとつではありません。自分なりの導入動作や体重移動を工夫してみてください。これらを参考に、あなたにどんなモーションが一番合うか、ぜひ試してみてください。そうして一連の動作がスムーズに、うまくできるようになると、サービスが乱れることはなくなります。

前足荷重でスタートで、前→後ろ→前と体重移動

後ろ足荷重でスタートし、後ろ→前と体重移動

Chapter 7

イメージ想起

Chapter 7

イメージ想起

Section 1

体性感覚を利用したクリアな"イメージ想起"

速くて落ちる、弾んでからペースのあるショートクロスをイメージ

いきなりですが、次のドリル1をやってみましょう。

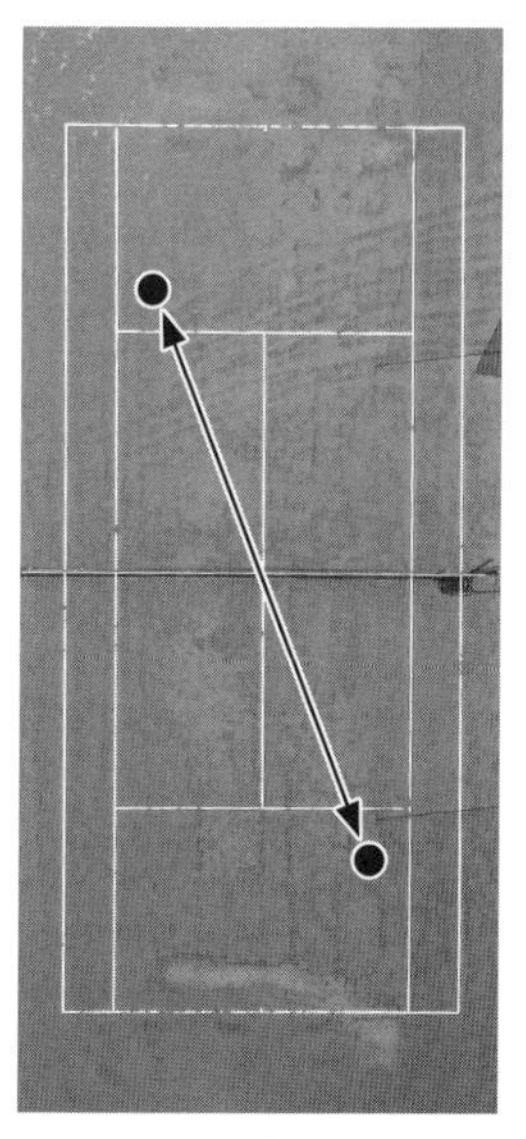

ドリル 1 クロスコートで短く打ち合う

まず、こちらからは何も情報を与えない状態で、簡単な練習をしてください。ショートクロスを学ぶドリル、すなわち、トップスピンをかけてクロスコートに短く打って、サービスボックスの中に入れ続ける練習です。あなたと練習相手はともにデュースサイドのサービスラインとシングルス・サイドラインの交わる地点より少し後方に立って打ち合います。

さあ、あなたはどんなボールを打ち続けたでしょうか。戦術面と技術面のふたつの視点で、この単純な練習をひも解いていきます。

まず、ショートクロスの戦術的意味を考えます。ショートクロスは普通のクロスコートに比べ、対戦相手をより外へと追い出したいときに使います。最近、このショートクロスよりも少し深めの「ミドルクロス」と言われるショットが好んで使われる傾向があります。これは、よりペースがあり、コートの奥深くへ弾んで

ドリル 2

戦術的効果をイメージして打つ

今度は、前述したショートクロスの「戦術的効果」を頭に入れて、ショットをイメージして練習を行いましょう。「速くて落ちる」、そして「弾んでからペースがある」ことが必要になります。

「相手をコートの外に出す」ことを意識しすぎると、サイドアウトしてしまう

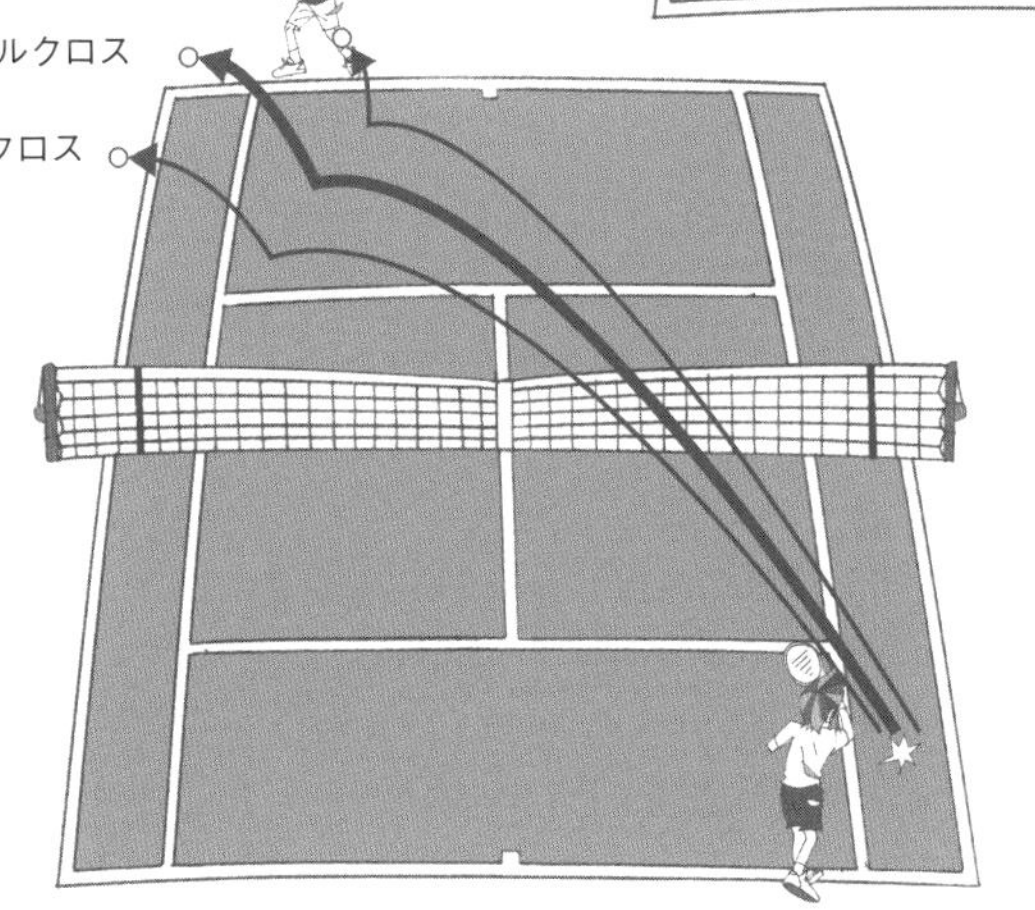

いく推進力のあるショットです。ショートクロスではスピードが落ちすぎてしまい、走って追いついた対戦相手は、ボールのチカラがなくなったところをとらえて容易にカウンターショットを打ってくるため、ミドルクロスが多用されるようになりました。

しかし、下がりすぎているプレーヤー、または前に入ってくる気配がまったくないプレーヤーに対しては、いまだに有効なショットです。最近のプロのプレーヤーはこのショートクロスをかなりのスピードを乗せて打つことができます。その理由は、スピードがないと対戦相手に察知されてしまい、中に入り込まれてしまうからです。また、このショートクロスはパッシングショットでよく使われます。

ショートクロスの技術を正しく遂行するという視点

ショートクロスの技術を正しく遂行するという視点で考えてみましょう。ショートクロスは角度のついた浅いショットですから、技術的にはまず、「短く」打つ必要があります。そのことを理解しながら練習をするために、ドリル1「サービスボックスの中にボールを入れる」ことを目標にします。あなたがイメージしたとおりのボールを打とうと努力しましょう。

意外に難しい、と感じたのではありませんか？　サイドアウトが多くなったのではありませんか？　まずは短く打つとお伝えしたはずですが……おそらくあなたは「相手を外に出す」ことを強く意識しすぎています。そこで、ドリル3、4に取り組んでみましょう。

ドリル 3 コートの中央で、より短く打つ

まず、コートの中央で打ち合ってみましょう。センターラインとサービスラインの交わるところをお互いに狙ってラリーします。このほうがずいぶんと簡単ですね。うまくできたら、もっとフットワークを使って打ち合います。なぜなら、クロスで打ち合うより軌道が短く、お互いのボールが普段よりも速く行き来するからです。

ドリル 4 再びショートクロスで

ここまで順番に練習を行うと、ボールを引っかけて起きるミスはかなり減らせるはず

もう一度、ショートクロスでラリーしてみましょう。技術面に限れば、お互いにコートの真ん中で行った練習をそのまま斜めにしただけですね。そう意識するだけで、ラケットに引っかけて起きるミスはかなり減ります。このドリルでもできるだけ足を動かすように心がけましょう。

「短く」「シャープに振る」などの感覚が上達の助けになる

ここで取り組んだドリルからどんなメリットが生まれるか、整理して書き記しておきます。

テクニックの気づき

まず、みなさんがこれまで練習してきた普通のクロスコートショットとのテクニックの違いに気づくはずです。よりよい気づきを得るには、練習パートナーと情報交換をするのがいいでしょう。また、このショットがうまくできる人に聞いてみるのもいいでしょう。そうして得た「短く」とか「止めるように」とか「シャープに振る」などといった感覚が上達の助けになることでしょう。

ポジションの気づき

クロスに角度をつけるには、コートの中に入っているときでないとうまくいかないことに気づいたと思います。だからこそ、最初のドリル1から前にポジションをとって練習したのです。つまり、うまくショートクロスを使うにはより有利な位置に入ることが大切で、したがって「その前のショット」が重要になります。もちろん、相手が必要以上に下がっていたり、ネットについている場合には後方からショートクロスを打つこともあります。

相手目線での気づき

あなたは練習パートナーとラリーを繰り返しただけですが、相手がどんなフォームになったら、どんなふうにラケットが出てきたらボールに角度がつくのか、自然に覚えていることでしょう。このような練習をこなしていれば、実戦でもショートクロスに対してより敏感に反応できるようになります。

いかがでしょうか。体性感覚を利用して、ショットのイメージを具体的にクリアに描くことの大切さが理解できましたか？　想起したイメージが鋭ければ鋭いほど、プロのようなショットが打てるはずです。つまり、あなたは上達の近道を歩んでいることになります。

Chapter 7

イメージ想起

Section 2

薄い当たり→厚い当たりイメージの修正法

「誤ったイメージ想起」と「正しくクリアなイメージ想起」

まず、ショートクロスを例に、イメージ想起の大切さについてお話ししました。ショートクロスでは、角度をつけようとしすぎて手首の角度を変えてしまったり、極端に曲げたいためにボールを巻き込んでしまったり、ボールの外側を叩きすぎるなどの傾向が出る場合があります。これはイメージが正しく想起できていないために起きることです。

そこで私たちは、あらかじめ「まっすぐ短く打つ」練習をしてからショートクロスの練習に入りました。そうすることで、

✕ 手首の角度を変えたり、ボールの外側を巻き込むように打つイメージは、誤ったイメージ

角度をつけるイメージより、むしろ短く打つイメージが大切であるとわかっていただけたことでしょう。

戦術的効果を考えれば、ショートクロスには「速くて落ちる」ショット、「弾んでからペースがある」ことが必要です。それには、手首の角度を変えたり、ボールの外側を叩くのではなく、あくまでも打っていく方向に対してラケットフェースがしっかり向いている必要があること、「厚い当たり」が必要であることを理解していただけたと思います。つまりみなさんはこのショットについて、正しく具体的に、クリアにイメージ想起できるようになったというわけです。

誤ったイメージがミスリードを招き習得を妨げる

このプロセスで重要な役割を果たしたのが「体性感覚」です。

○ 打ちたい方向にラケットフェースがしっかり向くということが正しいイメージ

みなさんの手は、鋭く、研ぎ澄まされた感覚をもっています。ショートクロスの例では、狙った方向より極端に角度がつきすぎる場合、みなさんの手の中には、しっかりとらえた感覚が残りません。コーチはそのような場合、「薄く当たった」と表現します。

しかしこれは本来、手にしっかりした感覚が残る「厚い当たり」が求められるショットなのです。そこで、「体性感覚」で当たりの違いに気づき、イメージ想起＋フィードバックで修正、習得していくことが大切です。

もちろん、ほかのショットでも同様です。例えばスライスサービスでも、ボールの外側を叩きすぎるなど間違ったスイングを覚えてしまうと、当たりが薄くなってしまいます。そんなスライスサービスは前進する力が少なく、感覚的にもしっかりした手応えが残りません。また、最初にそうしたミスリードがあると、のちのちフラットサービスやスピンサービスを覚えていく上で、ミスリードが習得の障害となってしまいます。

正しく学習し、正しいイメージを持てば修正は容易になる

例えばクロスコートへのショットはグラウンドストロークの基本であり、これを最初に練習、習得するケースも少なくありません。このクロスショットを「巻き込む」ようなイメージで覚えたとします。このプレーヤーは、次の「中級クラス」に進んだときに習うダウン・ザ・ラインとクロスの違いに苦しむことになるでしょう。

実際には、クロスとダウン・ザ・ラインの違いは、打点における面の角度では「14度」ほどの差でしかありません。決して巻き込むからクロスに角度がつくわけではないのです。巻き込む形で覚えると、ダウン・ザ・ラインへ打っても内側（セン

テニスはビリヤードに学ぶことが多い

アングルボレーの正しいラケットフェースの向きを覚えよう

ター寄り）に入って仕方ないという状況になります。

また、鋭角に打つアングルボレーがほかの選手のようにコートに収まってくれない、とんでもない角度にいってしまう、手に何も手応えが残らないというような場合も、やはり同じようにラケットフェースのコントロールを間違えて覚えてしまったからです。

私は外国のコーチにビリヤードをすすめられ、実際にやってみて理解できたテニスの技術がたくさんありました。テニスは動いているボールを狙った方向に打つので簡単ではありませんが、多くのショットの意味とその方法を正しく学習しておいたほうがいいのは当然です。ここに挙げた例のように間違って覚えてしまわないために必要ですし、もし間違って覚えたとしても修正が容易になります。

これから紹介するドリルで、正しいイメージを獲得しましょう。スライスショットやボレーで、ラケットフェースが薄く当たってしまう人におすすめします。

薄い当たり→厚い当たりイメージの修正法

しっかりした手応えのスライスを習得する

次にバックハンドのスライスショットを、しっかりした手応えで打つ練習を行います。その前に、いくつか頭に入れておくことがあります。

相手から飛んでくるボールは、バウンド後、上に弾み、ある位置から落下します。すなわち弧を描いて飛びます。ただし、勢いのあるボールほど弾んでから地面と平行に（水平に）移動する距離が長くなります。このことを理解し、さらに以下の2つのポイントに注意してください。

①スライスを打つ場合、ボレーと同様、ラケットフェースが上を向くので、ボールが地面と平行に移動しているか、落下し始めたあたりがもっともとらえやすい。

ドリル1 ラケットフェースを「地面」に向ける

ラケットフェースを空（上）のほうに向けすぎて、薄く当ててしまいがちの方へ。まず、練習仲間の友人に数m離れた場所から下手投げで腰から胸の高さにボールを出してもらいます（ネットを挟んで行う必要はありません）。そして相手がキャッチできる程度のスピードで軽く返します。次に、ラケットフェースが地面のほうへ向くようにコントロールしてワンバウンドで返球します。これを何度か繰り返します。

ドリル2 ラケット面を起こしていく感覚

ドリル1の内容を今度はネットを挟んでやってみましょう。友人にラケットでボールを出してもらいます。次第に「ラケット面を起こしていく」テクニックがわかってくるでしょう。

②腕は肩を支点にぶら下がっているため、ゴルフのようなダウンスイングが自動的にできる。この自然なダウンスイングにおいてラケットフェースが上を向き始めるのは、右肩の位置かそれより前となる。

では、ドリルをやってみましょう。

ドリル 3 厚い当たりで、なおかつ角度をつける

これはアングルボレーが薄く当たってしまう人におすすめのドリル。バックボレーのクロスで練習します。あなたはアドサイドのサービスボックスの中央付近に位置します。相手には、あなたが角度をつけて打ったボレーのコース＝例えばダブルスのサイドライン上＋サービスラインとネットの中間くらいからボールを出してもらいます。 その友人のほうへまっすぐ返球します。当たりを厚く、しっかりさせ、友人のいる方向へ忠実に打つようにしてください。

相手がいるところへ、しっかり厚い当たりで返球する

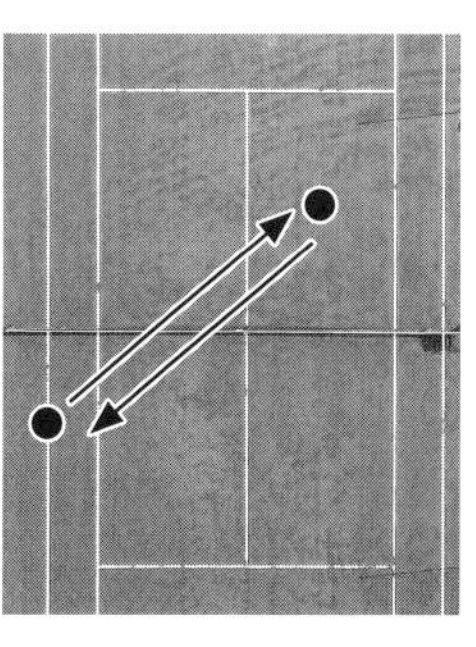

ドリル 4 フィードのボールと異なる方向に打つ

ドリル3を5、6球行ったのち、友人にあなたの正面（ネットを挟んで対称となる位置）に移動してもらいます。あなたは友人のいる方向に向き直りますが、先ほどと同じようにボールに角度をつけて打ってください。この練習を繰り返したら、実戦でもやってみましょう。

ドリル 5 どの地点でボールをとらえるか

前述のことから、ボールが落下し始める地点+ラケットが上を向き始める地点がもっともラケットフェースとボールの接触面積が大きくなります。このことを踏まえて、打点を右肩あたりに設定し、落下し始めたボールをとらえることでスライスをマスターしましょう。いっさい、ラケットフェースや手首を動かす必要はありません。すると、ラケットからしっかりした手応えが伝わるはずです。

ドリル 6 ボールを「つかまえて乗せて打つ」

ドリル5で上達したら、ボールが弾んで地面と平行に飛んでいる間にとらえる練習をしましょう。ボールは水平に飛んでいるわけですから、前述のように面が上を向き出してから打球すると薄く当たりすぎてしまうので、この場合は右肩よりもう少し手元に引きつけてとらえるといいでしょう。

腕でラケット面を起こす行為も少し必要になるので、ドリル1、2で練習した「面を起こす」テクニックを使ってみるのもいいでしょう。できるようになったら、ネットの白帯を狙って「パチン」と力強く当てるように打ってみてください。感覚的にはかなり「つかまえて、乗せて」打つように感じるはずです。

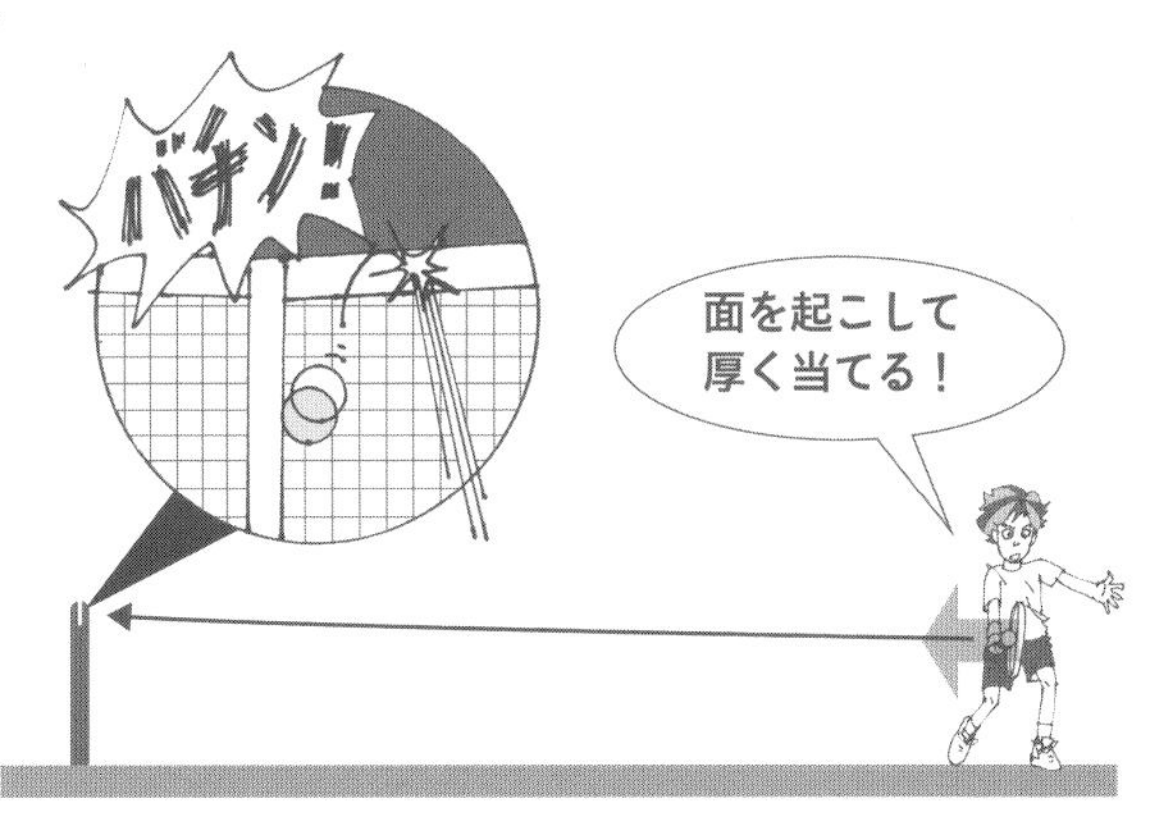

スライスでもっともボールとの接点を失いやすいポイントは？

スライスでもっともラケットフェースとボールとの接点を失いやすいポイントは、ボールが上がってくるところ、すなわちライジングの位置であり、さらに弾んで肩の高さまでくるようなボールです。これはもっともラケットフェースをコントロールするのが難しいポイントです。

私（竹内）の場合はコンチネンタルグリップで、ほかの選手より多様なボールに対処できるはずの握りなのですが、肩より高く弾むボールの処理は難しいため、グラウンドストロークでトップスピンを打つときのグリップに握り替えて対処します。

これは一例ですが、グリップによりラケットフェースの向きが若干変わり、打点も少し変わってしまいます。ここで紹介した練習はあくまでもガイドラインですので、柔軟な頭で対応してください。

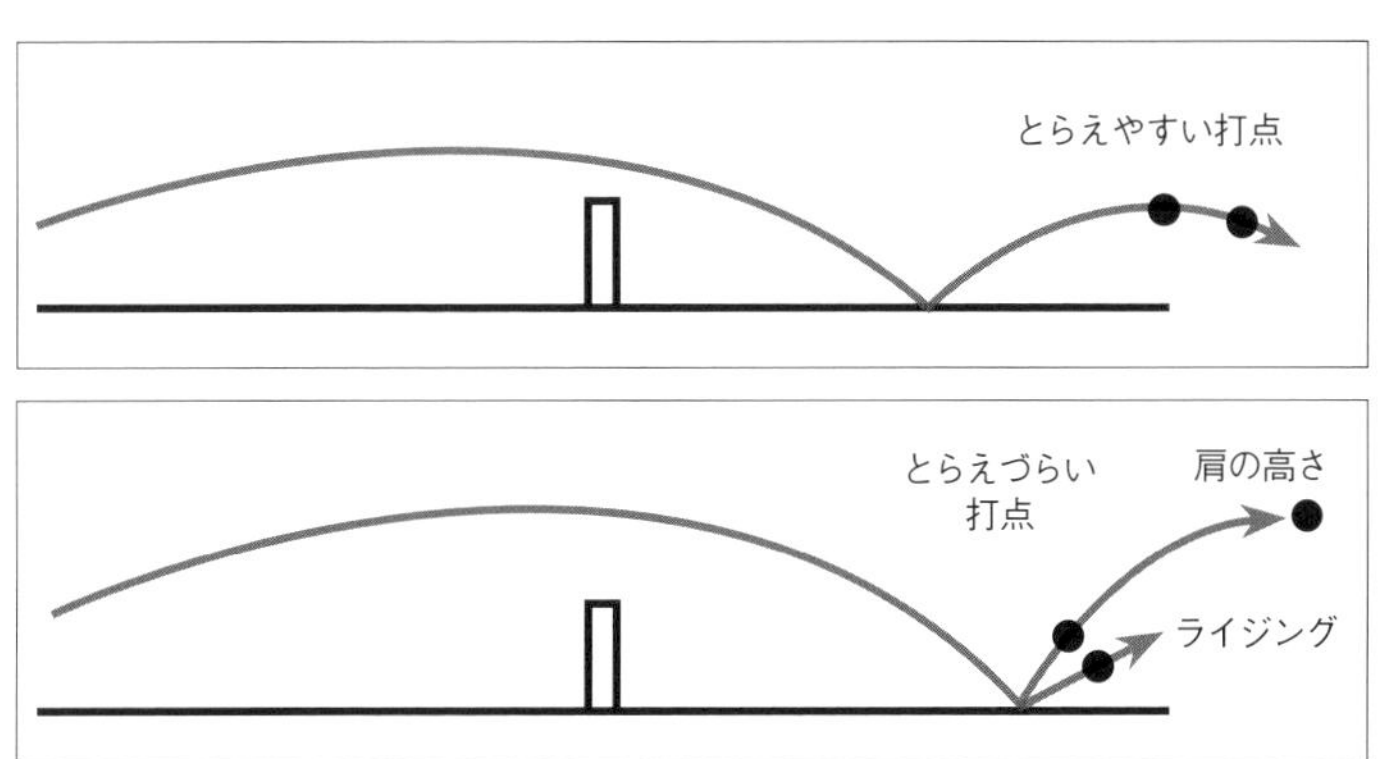

ボールとの接点を失いやすい

Chapter 7 イメージ想起

Section 3

ロブでイメージ想起を磨く

ロブを通す空間をイメージする 相手の身長は気にする必要なし

イメージは案外、大切なのだなと気づかれた方も多いことと思います。最初に勘違いをすると、つまり間違ったイメージ想起をしてしまうと、果たしてどんなことが起きるのか。例えば、もし、あなたが「肩口のボール」＝「チャンスボール」と勘違いしていると、ベースライン上で肩の高さに弾むボールでも「チャンス」と考えてしまいがちです。すると、どうしても上から叩き込む打ち方になってしまいます。

しかし、実のところ、ベースライン後方からでは肩口のボールを叩きつけても効果的ではありませんし、このショットは大きなリスクをともないます。このように、実際に目から入る簡単な情報は、意外にあなたをミスリードしがちなのです。そこで、まずはあなたを指導してくれるコーチのアドバイスを素直に聞くことから始めましょう。

ここではロブに焦点を当てて話を進めます。ロブは簡単なショットのようにも思えますが、意外に難しい場面がたくさんあります。私はコーチに「対戦相手がどんなに背が高くても、抜けるロブの角度がある」と教わりました。また、ロブを打つときには「相手の背丈を気にせず、空間上の〝ある場所〟を狙うようにしなさい」と言われました。そうです、相手の身長に惑わされる必要はなく、タイミングとロブを通す空間をイメージすることが大切なのです。

イメージを把握したら、テクニック面を考えてみましょう。あなたはトップスピンでロブとパッシングショットを打ち分けるとして、対戦相手がどんなボールを打ってくるとロブが上げやすく、どんなボールだと上げにくいのか考えてみましょう。

跳ねてくる深いボールのほうがロブを打ちやすい

ロブを上げるためには、ラケットがボールの下に入らなくてはならず、ラケットフェースをある程度、開く（空の方向へ向ける）必要があります。したがって、バウンドしてから跳ね上がってくる深いボールのほうが、ロブが打ちやすいのです。前の足（右利きのフォアハンドなら左足）を引くことによって前の肩（同・左肩）を上に向ければ、ロブを打ちやすい体勢になります。そんなに無理をしなくても、ラケットフェースをロブを打つ方向へ向けやすいのです。

では、相手が短いボールを打ってきたらどうでしょう。短いボールで膝より低い打点になると、踏み込んだ足に体重が乗るためカラダが前傾しやすくなり、ボールの下にラケットを入れにくく、ロブを打つのは難しくなります。

それに加えて、ベースラインの後方からは相手の頭上を抜くための軌道が確保しやすく、ベースラインからサービスラインに近づくほど軌道が確保しづらいのは、みなさんの経験からもわかるでしょう。これらを理解すれば、どんな場面でロブを打つべきか、また、逆の立場で、どんな場面でロブを警戒すべきかが把握できます。

なお、スライスのロブでは、ロブを打つ機会や可能性は広がりますが、パワーショットが打てないことが対戦相手に容易に伝わってしまいます。そこで、スライスをベースにしているあなたは、スライスでネットプレーヤーの足元に沈めるディンクショットを覚えておいて、ロブと合わせてプレーする必要があります。

ベースライン後方で打つとロブの軌道が確保しやすい。反対にベースライン前方、ネットに近づいて打つほどロブの軌道が確保しづらい

スライスロブの構えをすると（写真下）、相手はパワーショットがないとわかってしまう。そこでスライスロブは、足元に沈めるディンクショットと合わせてプレーすることがポイントになる

場面は二通り 万全な体勢からのロブと追い込まれて打つロブ

次に、ロブを打つ側とロブを打たれるネットプレーヤーの側、両方の視点から「ロブを打つ」場面について考えていきましょう。

ロブを打つ場面は二通りあります。自分が万全な体勢から打つロブ、そして、もうひとつがディフェンスに追い込まれて難しい局面で上げるロブ、この二通りです。できれば前者でありたいですね。なぜなら後者の場合、事前に対戦相手にロブを上げることを教えてしまっているからです。

では、ドリルを交えて解説していきましょう。万全な体勢からロブを打つ場合は、しっかり構え、どこにでも打てるフォームで早く準備する必要があります。どのコースに打つか読まれないように、しっかり素早くフットワークしてヒッティングポジションに入り、肩を入れて構えましょう。

ドリル 1 パッシングショット対ボレー

クロスコートでパッシングショット対ボレーの練習を行います。特に、足元へ沈めるパッシングショットとそれに対応するネットプレーを学びます。ボレーヤーの側にはマーカー（目印）を2個置きます。サービスラインからラケット1本分後方に1個、サービスラインからラケット2本分前方に1個です。パスを打つ人は、できるだけ2つのマーカーの間に弾むように、ボレーヤーにローボレーを打たせるようにコントロールしましょう。途中で相手と入れ替わり、パッシングショットもボレーも両方、練習しましょう。

ドリル 1 補足 まずパッシングショットを磨く

厳密に分けることはできませんが、パッシングショットには2種類あると考えてください。まず、相手がネットポジションにつく前に早く返球し、ポジションにつかせないようにするパッシングショットです。ただし、相手はネットでのポジションを有利にしようと、わざとゆっくり打って出ていくアプローチショットを使うことも考えられます。その場合は、パワーで対抗するのではなく、高い精度が必要で難しいローボレーを打たせ、ミスを誘うプレーも必要です。

あるいは、相手にまず1球、低い打点でボレーを打たせ、ネットをクリアしなければならないため勢いのないショットになったのを、次のパッシングショットで仕留めるようなコンビネーションプレーも必要です。

ドリル 2

パッシングショットにロブをプラス

ドリル1のパッシングショット対ボレーを数日間練習した上で、同じ条件でロブも加えてみましょう。ロブがうまく打てない場合は、パートナーにボールを出してもらい、ロブのみのシンプルな練習に戻るといいでしょう。これもパッシングショットとボレー、両方やってみましょう。

ドリル 3

ダウン・ザ・ラインにロブ

ドリル2はクロスコートで行いましたが、ダウン・ザ・ラインに位置を移せば難易度を高めることができます。ダウン・ザ・ラインはロブの距離が短くなるため、難しくなります。

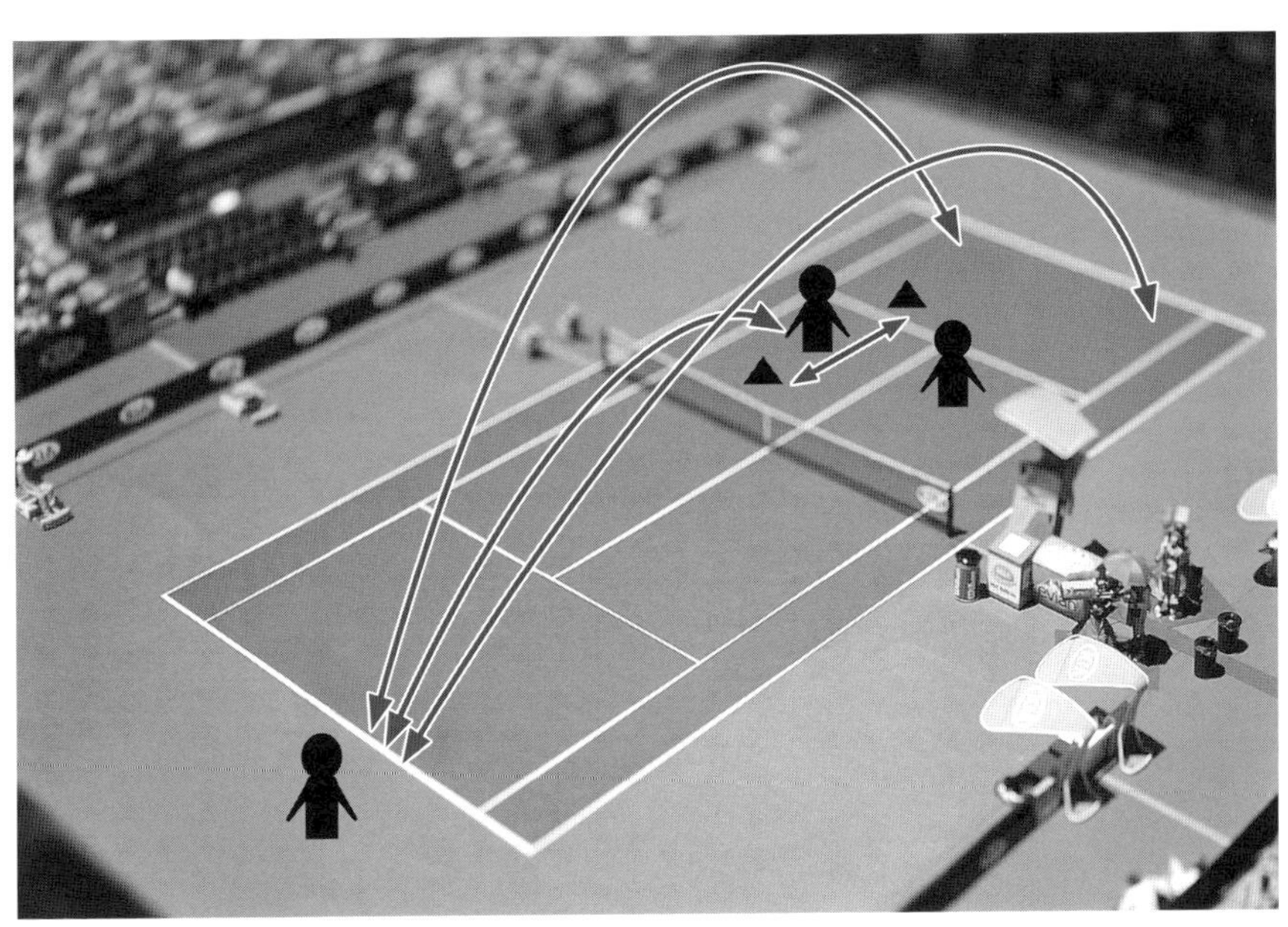

「ロブは打ってこない」と正しく見極められるように

では、視点を入れ替えましょう。あなたはネットプレーをしようとしています。相手はどんな状況下でロブを上げてくるのか。ドリル2、3の練習によって、ボレーヤーにはロブが上がる場面が見えてきます。また、すでにお伝えしたように、ロブが上げにくいのは、短く低いボールでした。そして、ロブが上げやすいのは、前の足を引くことができるような、深くて弾むボールでした。それらのことがわかっているだけでも、ボレーヤーとして成長できます。

ドリル2や3で、ボレーヤーは、まずベースラインでプレーする練習相手の膝の高さより上に弾まないボレー、滑るようなボレーを打ちましょう。深くてポコンと弾んでしまうボレーより、浅くて滑るボレーのほうがパッシングショットが打ちづらいことを理解してください。

また、クロスコートやダウン・ザ・ラインのパッシングショットとロブを見分けられるように努力しましょう。あなたはベースラインプレーヤー側でも練習しているので、どんな場

ネットプレーヤー目線

面でロブが上げやすく、どんな場面で上げにくいか、わかっているはずです。それを応用して、まずは「この状況ではロブがない」と察知することを覚えましょう。次にロブを正しく予測して、素早くスマッシュが打てるように練習していきましょう。

足元のボールとロブのミックスは要警戒 ただし前につめすぎないこと

次に、スライス面を使ってロブを上げてくる選手との対戦を想定してみましょう。あなたはネットでプレーしようとしています。相手はベースラインです。普通のスライスでもラケットフェースはやや上向きで、ロブの場合はラケット面がより空のほうを向くくらいなので、読みづらさはありますが、基本的にはあまり気にする必要はありません。また、スライスを使う選手は足元に沈めるボールとロブを巧みにミックスしてネットプレーヤーを動かそうとしますが、その反面、一発でストロークエースを狙うほどのスピードは出せません。ところがそれにもかかわらず、一番よくないのは、相手のショットを恐れてネットにつめすぎてしまうことでしょう。

特に、深いアプローチがいった場合は、ネット近くまでつめる必要がないのですが、多くのアマチュア選手は逆につめすぎてしまうようです。

忘れないでください、スライスにしろトップスピンにしろ、後方からのほうがロブは上げやすいのです。したがって、あなたは前につめすぎないことです。深いボールがいっていれば、次のボールに対して動き出す時間は十分にあります。

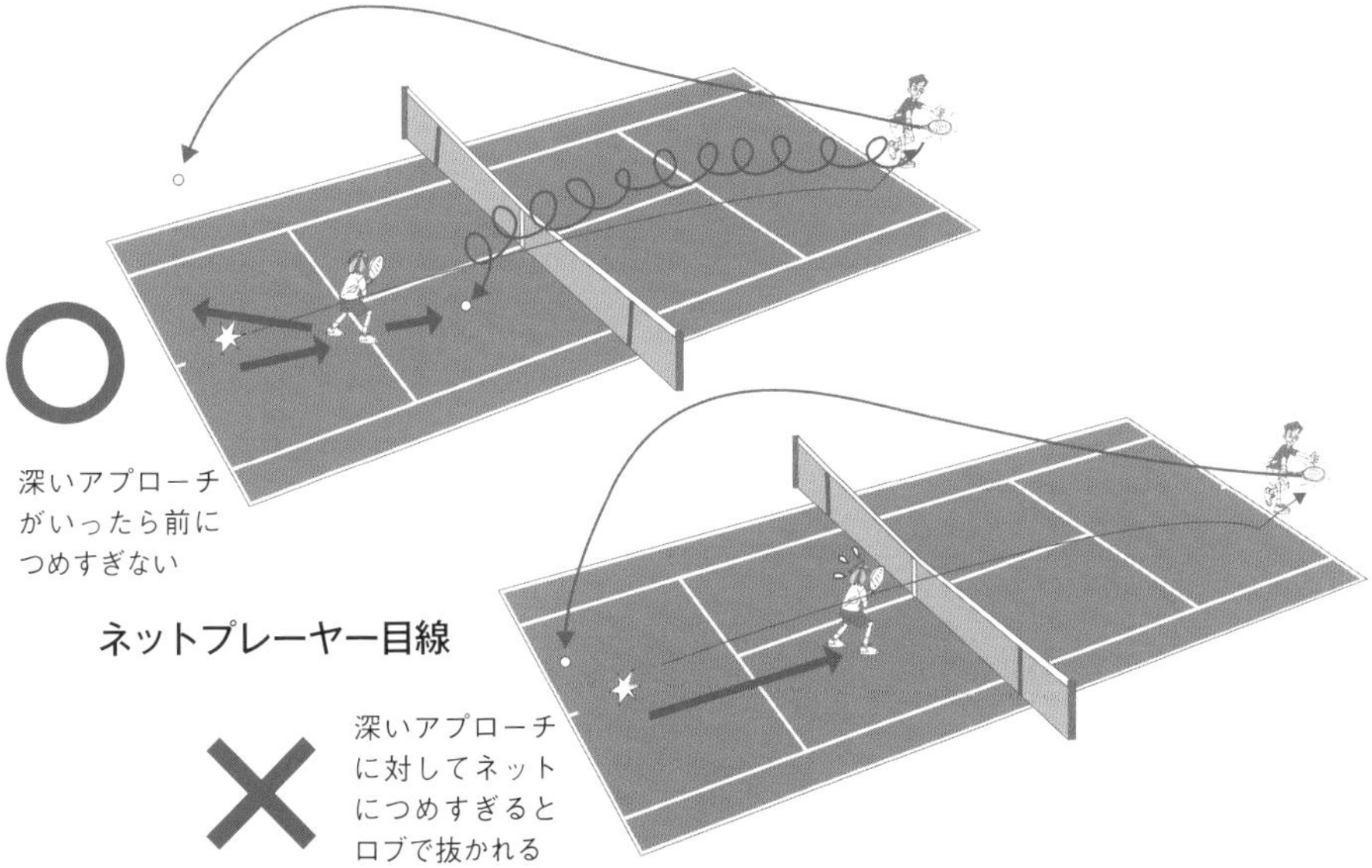

○ 深いアプローチがいったら前につめすぎない

ネットプレーヤー目線

× 深いアプローチに対してネットにつめすぎるとロブで抜かれる

Chapter 7
イメージ想起

Section 4

練習や観戦を通じてイメージ想起力を高める

早い時点でダウン・ザ・ラインの練習に取り組むことが必要

クロスがグラウンドストロークの基本であることは今も昔も変わりません。実際に試合を分析してみると、トッププレヤーがクロスとダウン・ザ・ラインに打つ割合は2対1となり、クロスコートが基本になっていることがわかります。ただし、割合はあくまでも「2対1」ですから、上達のプロセスでは、クロスだけでなく「2対1」にどんどん近づけていく必要があります。

同時に、どんな場面でクロスへ打つか、ダウン・ザ・ラインに打つかの判断力を育てていかなくてはなりません。どんな場面でダウン・ザ・ラインに打って相手を動かすか（あるいは攻撃するか）という「判断」のともなわない、ただのクロスラリーでは、十分な練習とは言えません。「いつ」ダウン・ザ・ラインに打つかを学習していかなくてはなりません。つまり早い時点でダウン・ザ・ラインの練習に取り組むことが必要なのです。

最初のイメージ想起を失敗すると、間違った覚え方がスタートしてしまう

以前は（私を含めて）多くの選手が最初

に良いクロスコートショットをマスターした上で、徐々にダウン・ザ・ラインのショットを覚えていきました。しかし、前述したように最初からダウン・ザ・ラインも訓練しておけば、コートをもっと広く使えるようになるのは間違いありません。また、クロスとダウン・ザ・ラインを同時に学ぶことで、間違った習得の仕方も防ぐことができるでしょう。

それは、スライスやボレー、そしてロブを覚えていくときも同じです。それぞれのショットで、自分の目から的、すなわちターゲットがどう見えるか、その「見え方」のイメージを間違え、イメージ想起を失敗した時点で、間違った覚え方が始まってしまいます。

ターゲットとその「見え方」の身近な例としてバスケットボールのシュート練習を考えてみましょう。ゴールリングの外側に直径1mほどの巨大なリングがあって、しかも正規のリングより高い位置から正規のリングをすっぽり覆った状態をイメージしてみてください。巨大リングがシュートコースの一部を妨げている状態です。

これを見たあなたは、何も考えなくても、巨大なリングを避けるように高い軌道でシュートするでしょう。低い軌道では巨大リングの網の部分にボールを当てることになり、シュートを成功させることができません。あなたは、コーチや先生のアドバイスがなくても、当然のようにシュートの軌道をイメージし、実行に移すことを学習するでしょう。

こうした自然なイメージについては、ゴミを投げ入れる動作がわかりやすいです。あなたの前に大きな口を開けたゴミ箱があります。あなたはゴミを捨てる際、自然に上手投げでいくか下手投げでいくか判断するはずです。ゴミ箱とあなたの距離やゴミの大きさ、そしてゴミ箱の口の大きさにより、あなたはどうすればゴミが確実に箱に入るか、咄嗟に判断しているのです。もしかしたら、遊び心が働いて、ちょっと違う方法でゴミを投げるなんてことも、あなたは自然に考えていることでしょう。

「仮想の障害」を利用した技術練習のすすめ

学習の段階では、バスケットボールの巨大リングのように、イメージ想起を助ける道具＝仮想の障害を使う場合があります。

テニスの場合、現実にネットという障害物があります。ただし、ネットはあなたの視線より低い位置にあり、ボールの軌道とネットをセットにして立体的に空間を把握するのは簡単ではありません。また、ターゲットも、ゴミ箱のように口を開けて待っていてはくれません。したがって、ターゲットを直接、まっすぐに狙ってしまう、という失敗が起こりがちです。

テニスにはこういった特性があるため、みなさんが出会ったコーチの方々は「仮想の障害」を使うなど、さまざまな工夫をされていることでしょう。以下、そんな「仮想の障害」を使ったイメージ想起について、ドリルの形で説明します。

ドリル 1

ボレーヤーのラケットを避けて打つ

ダブルスのクロスラリーを練習する際、ネットプレーヤーの位置にコーチに入ってもらいます。コーチはラケットを持つ手を伸ばし、あなたのボールの軌道がネットプレーヤーの届く範囲にこないように「邪魔」（別の言い方をすれば、誘導）してくれるでしょう。これによって、ネットプレーヤーには手が届きにくく、なおかつアウトしないクロスラリーを身につけることができます。

ドリル 2

ラケットが届かない高い軌道

　コーチはあなたにロブを指導しています。相手のボレーヤーの位置に立ったコーチは、ロブを邪魔するようにラケットを高く伸ばしてくれるでしょう。「仮想の障害」で空間上のターゲットをあなたに示してくれているわけです。

ドリル 3

高い位置に張った紐を切るつもりで

　ストロークのラリーの練習で、ネットより少し高い位置に紐を張ってくれるコーチもいることでしょう。コーチはこの高さの軌道で、紐を切るつもりで打ちなさいとあなたに伝えるかもしれません。あなたはそのアドバイスを実行するにあたり、スイングの方法を自分で修正しなければなりません。結果的に、「ここをこう直しなさい」と指摘されなくても、あなたは自然に学習し、ストロークをマスターできるでしょう。

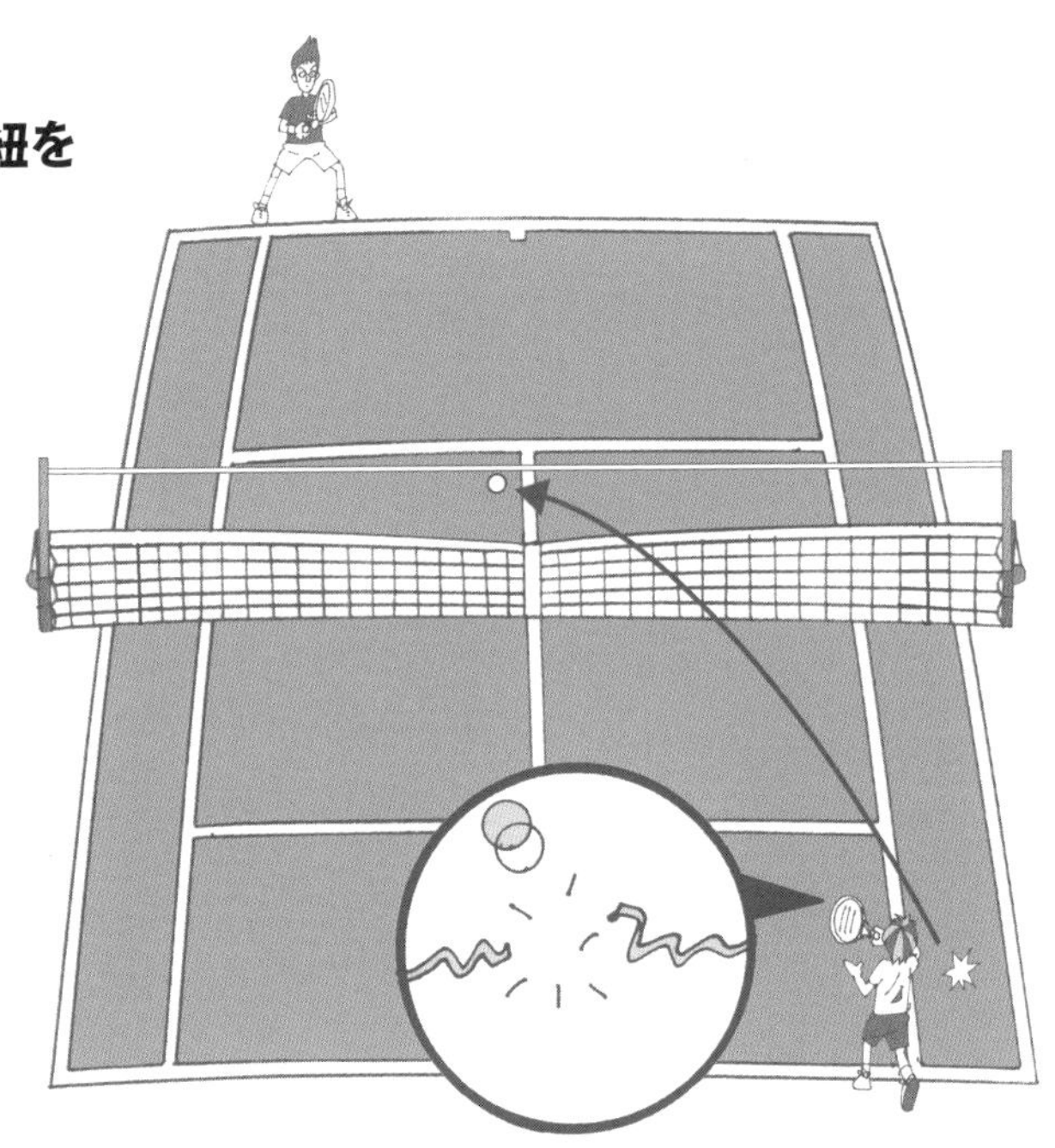

温故知新

指導者としてまだ駆け出しの頃、私は自分自身が現役時代に学んできたことをフル稼働して指導を始めました。しかし、それでは十分な成果が出せず、自信喪失。その心の隙間を埋めるかのように勉強に勉強を重ね、新しい指導を学びました。その頃の私はどこかバランスがよくなく、人の言葉をそのまま〝オウムのように〟使っているだけで、自分らしくない違和感のようなものがいつもどこかにありました。

それでも日々指導経験を重ねていくうち、徐々に変わっていく自分を見つけました。そこには先人の残した貴重な指導精神や方法を否定することなく、尊いものと感じながらも、一方では、新しいことを恐れずに指導に加えていく大胆さと積極性をコントロールできるようになった自分がいました。今回の本のテーマである「体性感覚」は決して新しいものではなく、先人が残してくれたものに、私なりに新しいドリルや考え方を盛り込んだものです。

大袈裟に

読者のみなさんにアドバイスがあります――実際にコートで、この本の内容を試行錯誤しながら繰り返し実践していくことで、それがやがて何倍もの成果に繋がると、私は声をかけます。続けることです。

上達のコツのようなものがあるとしたら、それは「大袈裟にやってみること」。私たちの脳は意外と、一度つくった運動パターンから逸れた運動は「大きな違い」と判断するクセがあるようで、自分がどれだけ新しい挑戦をした、大きく変えたと思っても、あとでビデオで映像を振り返ってみればおそらく、まったく変わっていなくてびっくり！　がっかりした！　となることはよくあることです。ですから私は、「あなたが思っているよりももっと大袈裟にやってみてください」と言います。それがあなたが変わっていくヒントになるはずです。

感謝

最後に——父親であり、指導者である故・醸治と母親の鏡子は、私を育てるのに時間がかかったに違いありませんが、よく我慢して接してくれました。いつもいっしょだった兄・博、ともに汗をかいた仲間たち、故・ボブ・ブレットさんをはじめ、私に指導の楽しさを教えてくれた数々の偉大な指導者たちと選手たちにも、今日の自分があるのはみなさんのおかげと、あらためて感謝の気持ちを伝えます。もちろん妻・陽子にも！
また、テニスマガジンで連載がスタートした当初から、私のつたない文章をわかりやすく構成してくれたライターの秋山英宏さん、いつも背中を押してくれた編集部の青木和子さん、そのほかスタッフのみなさんにもこの場を借りて感謝申し上げます。

協　力	ブルボンビーンズドーム
モデル	小原龍二、白藤 成
写　真	BBM、Getty Images、photoAC
イラスト	サキ大地、Getty Images
デザイン	荒牧のりえ、山﨑裕実華
カバーデザイン	岡 泰司

鍵となるのは「体性感覚」
テニス上達のメカニズム

2023年1月31日　第1版第1刷発行

著　者　竹内 映二
発行人　池田 哲雄
発行所　株式会社ベースボール・マガジン社

〒103-8482
東京都中央区日本橋浜町2-61-9 TIE浜町ビル
電話　03-5643-3930（販売部）
　　　03-5643-3885（出版部）
口座振替　00180-6-46620
https://www.bbm-japan.com/

印刷・製本 大日本印刷株式会社

ISBN978-4-583-11552-8　C2075